The Fren
Verb Book

Stuart Graham

Si j'avais su,
je ne serais pas
venue

CAMBRIDGE
UNIVERSITY PRESS

Published by the Press Syndicate of the University of Cambridge
The Pitt Building, Trumpington Street, Cambridge CB2 1RP
40 West 20th Street, New York, NY 10011–4211, USA
10 Stamford Road, Oakleigh, Melbourne 3166, Australia

© Cambridge University Press 1991

First published 1991

Reprinted 1994

Printed in Great Britain by Scotprint Ltd, Musselburgh

Illustrations by Celia Weber
Cover illustration by Liz Baranoz

ISBN 0 521 31410 0

This book is all about French verbs. It can be used for study and revision at home as well as in the classroom.

There are two parts to the book. Firstly there are 41 topics, carefully and – I hope – clearly explained. Then there are 41 tasks, each one based on a topic.

If you are working on your own, read through the topic until you think you understand it reasonably well, then turn to the corresponding task. Try to work through it without looking back to the topic, but use the topic afterwards to check your answers. You can work in writing, or mentally, or orally by recording questions on your cassette recorder, then answering them.

Not even the best examination candidates have a perfect knowledge of French verbs and even *French* teenagers frequently make mistakes. So, don't expect perfection, but revise often and aim for a good working knowledge.

Learning verbs is, of course, only part of learning a language, but it is a very important part, like the trunk and branches of a tree. The twigs and leaves are vocabulary and other grammatical structures, which must also be tackled, but much of it will be learned a lot more easily if you are reasonably confident in your ability to use verbs. It is hard work but you will see a marked improvement in your spoken and written French and you may well have some fun along the way! Bonne Chance!

STUART GRAHAM

CONTENTS

Most of the terms used are explained as they arise but below is a list of those which occur most often, together with a simple definition.

Infinitive

This is the form of the verb that you will find if you look in a dictionary – for instance, **demander**, *to ask*. For further information see Topic 39.

Tense

This is the form of a verb which indicates *when* something takes place. The present tense, for example, is used to indicate what *is happening* now, the future to indicate what *will happen*. There are several past tenses. The perfect tense tells you what *happened*, the imperfect what *was happening*.

Stem

The stem is what you're left with when you take away the ending (**-er, -ir, -re, -oir**) from the infinitive form. The stem of **trouver**, for example, is **trouv-**. To this stem you would add the endings **-e -es -e -ons -ez -ent** if you wanted to form the present tense.

Regular, irregular

If a verb is regular, it is one of a group that all behave in the same way. If a verb is irregular, it is unique. **Trouver** is a regular **-er** verb. **Boire** is an irregular verb. (It is possible for irregular verbs to behave in a regular way in some tenses.)

Past participle

In English the past participle is the part of the verb which follows 'I have' in phrases like: I have *seen*, I have *tried*, I have *taken* and so on. In French the past participle is used in the same way: j'ai **vu**, j'ai **essayé**, j'ai **pris** and so on. It is the second 'bit' of 'two-bit' tenses like the perfect and pluperfect. See Topics 18–23 and 25.

Negative

Negative is the opposite of positive.
Here is a positive statement: *He is here.*

Here is a negative statement: *He is not here.*

In English you use the word *not* to make a statement negative.

The French use **ne . . . pas.**

    Il est là.

    Il **n'**est **pas** là.

Subject

The subject of a sentence is the thing or person who does the action – who 'triggers' the verb.

Mon père travaille à Orléans.	*My father works in Orléans.*
Le train arrivera à 8h 05.	*The train will arrive at 8.05.*
Combien d'enfants avez-**vous**?	*How many children have you?*
Je déteste le poisson.	*I hate fish.*

Read also the Pronoun section below.

Object

The object of a sentence is the thing or person on the receiving end of the verb.

J'ai payé **l'addition**.	*I've paid the bill.*
J'ai vu **Mireille** à la disco.	*I saw Mireille at the disco.*

Read also the Pronoun section below.

Noun

A noun is usually a person, a thing or a place. It can be a name or any other word used for naming people, things or places.

Jean est arrivé hier.	*John arrived yesterday.*
Lourdes est une **ville** touristique.	*Lourdes is a tourist town.*
Papa a mis ton **vélo** au **garage**.	*Dad has put your bike in the garage.*

Pronoun

In English *I, you, he, she, it, we, they* are subject pronouns. *Me, you, him, her, us, them* are object pronouns. In both languages pronouns are often used instead of nouns, to save repeating the noun.

– Jean est là?	*'Is John there?'*
– Non, **il** vient demain.	*'No, he's coming tomorrow.'*
– Où est mon bic?	*'Where's my biro?'*
– Je **l'**ai mis là-bas.	*'I've put it over there.'*

Object pronouns are dealt with in detail in Section 5.

(Reflexive pronouns are dealt with in Topic 3.)

SECTION ONE

The present tense

*Il joue bien,
tu ne trouves pas?*

In English, we have two forms of the present tense. We use one form to say what someone *does*.

Joanne *works* hard.
I *do* my homework.
We *play* football.

We use the other form to say what someone *is doing*.

Joanne *is working* tonight.
I*'m doing* my homework.
We*'re playing* football.

In French there is only one form of the present tense. **Je travaille** means both *I work* and *I am working*.

We are often told that verbs are 'doing words', but verbs are not always about doing things. Both in English and in French the present tense can be used to make statements where no action is involved.

Je **suis** Anglaise.	I *am English*.
Nous **avons** trois chats.	We *have three cats*.
Il **peut** venir avec nous.	He *can come with us*.

The French present tense covers more or less the same areas of meaning as English but is much more varied in its forms and must be learnt carefully. There is quite a bit of ground to cover but it has been chopped up into topics short enough for you to take in easily. Work carefully and always try to practise what you have learnt by making up sentences using the new verbs and going back over previous topics.

TOPIC 1

-er *verbs*

travailler *to work*

je travaille	*I work*	nous travaillons	*we work*
tu travailles	*you work*	vous travaillez	*you work*
il travaille	*he works*	ils travaillent	*they work*
elle travaille	*she works*	elles travaillent	*they work*

If you compare the French verb **travailler** with the English one *to work*, two things are immediately obvious. First, the French verb has two more forms than the English one. Secondly, the French verb has five different spellings compared with the English two.

There are two extra forms because the French have two words, **tu** and **vous**, for *you*, and two words, **ils** and **elles**, for *they*.

Although there are five different spellings in the present tense of -er verbs, there are only three different sounds, because all except the **nous** and **vous** endings are silent.

General points that apply to all verbs:

- **Je** becomes **j'** before a verb beginning with a vowel or a silent **h**.
    J'arrive à huit heures.   *I arrive at eight o'clock.*
    J'habite près de Carlisle.   *I live near Carlisle.*
- The same thing happens to **ne**.
    Il n'écoute pas.   *He's not listening.*
    Elle n'habite pas ici.   *She doesn't live here.*
- You can ask questions in three different ways.
    Vous habitez ici?
    Est-ce que vous habitez ici?
    Habitez-vous ici?
All three mean *Do you live here?* If you start with a question word like **où?** use the second or third type.
    Où est-ce que vous habitez?
    Où habitez-vous?
If you turn around the **il** or **elle** form of an -er verb, -t- is put between the two words to separate the vowels.
    Où habite-t-il?   *Where does he live?*
    A quelle heure arrive-t-elle? *What time does she arrive?*
- **On** takes the same form of the verb as **il** and **elle**. It is used very frequently in French. It can mean *we, they, you, he, she* or *one*:
    On a pris un coca.   *We had a coke.*
    On trouve beaucoup de   *You find lots of mushrooms*
      champignons ici.   *here.*
English uses *we, you* and *they* impersonally, not referring to anyone in particular.
    We eat a lot of potatoes in England.
    You need a visitor's passport to go to France.
    I see *they*'ve put up the price of petrol again.
The French would use **on** in these circumstances.

About 80 per cent of all French verbs are -er verbs so there is no point trying to make a full list of them, but on the next three pages is a selection of the more common ones which will be useful for examinations and for everyday use. They all behave in the same way as **travailler**. You will notice that many of them are very similar to their English equivalents. Have a look through them.

A

accepter	*to accept*
accompagner	*to go with*
admirer	*to admire*
adorer	*to adore*
agiter (un mouchoir)	*to wave (e.g. a hankie)*
aider	*to help*
aimer	*to like* / *to love*
ajouter	*to add*
allumer	*to light (a fire etc.)* / *to switch on*
apporter	*to bring*
arrêter	*to stop* / *to arrest*
arriver	*to arrive*
attraper	*to catch*

B

baisser	*to lower*
bavarder	*to chat*
briller	*to shine*
brûler	*to burn*

C

casser	*to break*
causer	*to chat*
chanter	*to sing*
chercher	*to look for*
chuchoter	*to whisper*
commander	*to order (food, drink etc.)*
compter	*to count* / *to intend*
continuer	*to continue*
couper	*to cut*
crier	*to shout*
cultiver	*to grow*

D

danser	*to dance*
déchirer	*to tear*
décider	*to decide*
déclarer	*to declare*
déjeuner	*to have breakfast* / *to have lunch*
demander	*to ask (for)*
démarrer	*to start* / *to drive off (cars etc.)*
déménager	*to move house*
déposer	*to put down*
désirer	*to want*
dessiner	*to draw*
détester	*to hate*
deviner	*to guess*
donner	*to give*
donner sur	*to overlook*
durer	*to last*

E

économiser	*to save (money)*
écouter	*to listen (to)*
embrasser	*to kiss*
empêcher	*to prevent*
emporter	*to take away*
emprunter	*to borrow*
enfermer	*to shut in*
enseigner	*to teach*
entrer	*to come/go in*
étudier	*to study*
éviter	*to avoid*
examiner	*to examine*

F

féliciter	*to congratulate*
fermer	*to close*
fêter	*to celebrate*

fixer	*to fix*	
	to stare at	
frapper	*to hit*	
	to knock	
freiner	*to brake*	
fumer	*to smoke*	

G

gagner	*to earn*
	to reach
	to win
garder	*to keep*
garer	*to park*
glisser	*to slip*
	to slide
grimper	*to climb*

H

habiter	*to live*
hausser les épaules	*to shrug*
hésiter	*to hesitate*

I

imiter	*to imitate*
indiquer	*to point at*
insister	*to insist*
intéresser	*to interest*
inviter	*to invite*

J

jouer	*to play*
juger	*to judge*

L

lâcher	*to let go (of someone's hand)*
laisser	*to leave, to let (allow)*
laver	*to wash*

M

marcher	*to walk*
	to work (machines etc.)
marquer	*to mark*
mesurer	*to measure*
monter	*to go up*
	to get in (vehicles)
montrer	*to show*
murmurer	*to whisper*
	to murmur

N

(neiger) il neige	*(to snow) it is snowing*
noter	*to note*

O

observer	*to observe*
ordonner	*to order, to command*
oublier	*to forget*

P

parler	*to speak*
partager	*to share*
passer	*to pass*
passer un examen	*to sit an exam*
penser	*to think*
plier	*to fold*
porter	*to carry*
	to wear
poser	*to put down*
pousser	*to push*
pousser un cri	*to let out a scream*
pratiquer	*to do (sports etc.)*
préparer	*to prepare*
présenter	*to present*
prêter	*to lend*

profiter de	*to benefit from*
proposer	*to suggest*
protester	*to protest*

Q | quitter | *to leave* |

R

raconter	*to tell (a story)*
ramasser	*to pick up*
rattraper	*to catch up (with)*
regagner	*to get back to*
regarder	*to watch, to look at*
remarquer	*to notice*
remercier	*to thank*
remplacer	*to replace*
rencontrer	*to meet*
rentrer	*to go back*
réparer	*to repair*
réserver	*to reserve*
ressembler à	*to look like*
rester	*to stay*
retourner	*to return*
retrouver	*to meet (by arrangement)*
rêver	*to dream*

S

saluer	*to greet*
sauter	*to jump*
sauver	*to save*
secouer	*to shake*
sembler	*to seem*
séparer	*to separate*
serrer la main	*to shake hands*

sonner	*to ring*
stationner	*to park*
supposer	*to suppose*
sursauter	*to jump (in fright)*
surveiller	*to watch over*

T

taper à la machine	*to type*
téléphoner	*to telephone*
tenter de	*to attempt to*
terminer	*to end*
tirer	*to pull*
	to fire (a gun)
tomber	*to fall*
toucher	*to touch*
toucher un chèque	*to cash a cheque*
toucher son salaire	*to draw one's pay*
tourner	*to turn*
travailler	*to work*
traverser	*to cross*
tricoter	*to knit*
trouver	*to find*

U | utiliser | *to use* |

V

vider	*to empty*
visiter	*to visit*
voler	*to steal*
	to fly

NOW TURN TO TASK 1

-er *verbs with changes in the stem*

Elle répète souvent la même chose

All **-er** verbs have the same six endings **-e, -es, -e, -ons, -ez, -ent,** but some behave in a slightly irregular way.

1. *Spelling change*

These changes are to indicate a change of sound.

- **jeter**   *to throw*

je jette	nous jetons
tu jettes	vous jetez
il jette	ils jettent
elle jette	elles jettent

- **appeler**   *to call*

j'appelle	nous appelons
tu appelles	vous appelez
il appelle	ils appellent
elle appelle	elles appellent

The verbs **s'appeler** (to be called) and **se rappeler** (to remember) behave in the same way.

| Mon frère s'appelle Henri. | *My brother's name is Henry.* |
| Tu te rappelles l'autre jour? | *Do you remember the other day?* |

2. *Adding/changing an accent*

This is also to indicate a change of sound.

- **acheter**   *to buy*

j'achète	nous achetons
tu achètes	vous achetez
il achète	ils achètent
elle achète	elles achètent

Here are some examples of similar verbs.

lever	Il lève la main.	*He puts up his hand.*
se lever	Je me lève tard.	*I get up late.*
mener	Cette allée mène au château.	*This path leads to the castle.*
emmener	Elle m'emmène au cinéma.	*She's taking me to the cinema.*
ramener	Tu ramènes ton ami?	*Are you bringing your friend back?*
se promener	Je me promène le dimanche.	*I go for a walk on Sundays.*

- **espérer**   *to hope*

j'espère	nous espérons
tu espères	vous espérez
il espère	ils espèrent
elle espère	elles espèrent

exagérer	Tu exagères!	*You're exaggerating!*
s'inquiéter	Je m'inquiète.	*I'm worried.*
posséder	Ils possèdent une belle villa.	*They own a beautiful villa.*
protéger	L'huile solaire protège les peaux sèches.	*Sun-tan oil protects dry skins.*
répéter	Elle répète souvent la même chose.	*She often repeats the same thing.*
préférer	Je préfère le vin.	*I prefer wine.*

3.   *Changing 'y' to 'i'*

Again this indicates a sound change.

- **envoyer**   *to send*

j'envoie	nous envoyons
tu envoies	vous envoyez
il envoie	ils envoient
elle envoie	elles envoient

In -**yer** verbs the **y** changes to **i** in all but the **nous** and **vous** forms.

renvoyer	Je renvoie son cadeau.	*I'm sending his present back.*
aboyer	Les chiens aboient.	*The dogs are barking.*
employer	On n'emploie pas cette expression.	*One doesn't use that expression.*
s'ennuyer	Je m'ennuie.	*I'm bored.*
essayer	Il essaie de la contacter.	*He's trying to contact her.*

4.   *-geons, -çons*

The verbs in this group show a change only in the **nous** form. The other forms are like those of regular -**er** verbs.

In -**ger** verbs an **e** is added before the -**ons** to give the **g** the same soft sound as in the other forms. If the **e** wasn't there, the **g** would sound like the **g** of **gare**.

manger	Nous mangeons des cuisses de grenouille.	*We're eating frogs' legs.*

changer	Nous changeons de place.	*We're changing places.*
nager	Nous nageons dans la rivière.	*We swim in the river.*
ranger	Nous rangeons nos affaires.	*We're tidying our things away.*

In **-cer** verbs the **c** gains a cedilla before the **-ons** ending so that the **c** keeps the same soft sound as in the rest of the present tense. Without the cedilla, the **c** would sound like the **c** in **balcon**.

commencer	Nous commençons à 8 h 00.	*We begin at 8.00.*
avancer	Nous avançons l'heure le 31 mars.	*We put the clocks forward on March 31st.*

NOW TURN TO TASK 2

TOPIC 3
Reflexive -er verbs

Most French reflexive verbs are -er verbs with regular endings but they have an extra component – reflexive pronouns:

se laver *to get washed*

Je m'excuse ou je me sauve ?

Je **me** lave	nous **nous** lavons
tu **te** laves	vous **vous** lavez
il **se** lave	ils **se** lavent
elle **se** lave	elles **se** lavent

The literal translation of these reflexive pronouns would be as follows:

me *myself*	**nous** *ourselves*
te *yourself*	**vous** *yourself/yourselves*
se *himself/herself/itself/themselves*	

In English, 'myself', 'yourself' etc. is often not needed. For example, **je me réveille**, *I wake up*, or **je me lave**, *I wash* or *I get washed*. But, in French, the reflexive pronoun always has to be there.

Many French reflexive verbs are to do with the daily routine of getting up, getting washed and so on:

se réveiller	Je me réveille de bonne heure.	*I wake up early.*
se lever	Je me lève tard.	*I get up late.*
se laver	Puis je me lave vite.	*Then I wash quickly.*
se brosser	Je me brosse les dents.	*I brush my teeth.*
s'habiller	Après ça, je m'habille.	*Then I get dressed.*
se peigner	Je me peigne.	*I comb my hair.*
se reposer	Je ne me repose jamais.	*I never rest.*
se coucher	Enfin, je me couche très tard.	*Finally, I go to bed very late.*

! Watch out for structures that involve actions to parts of the body:

Je me brosse **les** dents.	I brush *my* teeth.
Je me lave **les** mains et **la** figure.	I wash *my* hands and face.

Notice that in French you do not use possessive words (**mon, ma, mes** etc.)

Here is a list of high-frequency (i.e. used a lot) reflexive -**er** verbs. With some of them the reason why they are reflexive is obvious (e.g. **s'amuser**). With others, to us as native English speakers, there is no obvious reason why (e.g. **se passer**). They just are.

s'appeler	Le groupe s'appelle 'Les Scorpions'.	*The group's called 'The Scorpions'.*
se cacher	Pourquoi est-ce que tu te caches?	*Why are you hiding?*
s'arrêter	Le car s'arrête dans la place.	*The coach stops in the square.*
se trouver	Où se trouve le ciné?	*Where is the cinema?*
s'ennuyer	Je m'ennuie.	*I'm bored.*
s'excuser	Je m'excuse. C'est de ma faute.	*I'm sorry. It's my fault.*

Tu te lèves à quelle heure ?

! Here is how to form questions when you are using a reflexive verb.

s'amuser	Tu t'amuses bien?	*Are you enjoying yourself?*
	Vous vous amusez bien?	*Are you enjoying yourselves?*
se passer	Qu'est-ce qui se passe?	*What's happening?*

• Many 'normal' verbs can be converted into reflexive verbs if you need to add the idea for 'self':

Elle se regarde tout le temps dans la glace.
She's always looking at herself in the mirror.

Or if they have added meaning of *each other* or *to each other*:

On se téléphone tous les jours.	*We phone each other every day.*
Elles s'écrivent souvent.	*They often write to each other.*

NOW TURN TO TASK 3

Ah – vous grossissez!

TOPIC 4

Regular -ir verbs

finir *to finish*

je finis	nous finissons
tu finis	vous finissez
il finit	ils finissent
elle finit	elles finissent

There are many verbs whose infinitives end in **-ir**. Here are some of the most important ones:

grossir	– Tu grossis, papa!	*'You're putting weight on, Dad!'*
maigrir	– Mais non! Je maigris.	*'No! I'm losing weight.'*
rougir	Regarde! Il rougit!	*Look! He's blushing!*
choisir	Ils choisissent des bonbons.	*They're choosing some sweets.*
remplir	Remplissez tous les sacs en plastique.	*Fill all the plastic carriers.*
applaudir	Tout le monde applaudit.	*Everyone is clapping.*
réussir	Hélène réussit dans tout ce qu'elle essaie.	*Helen succeeds in everything she attempts.*
réfléchir	Réfléchis un peu.	*Think about it.*

(There are a few **-ir** verbs which don't behave like **finir**. You will find them in Topics 5, 10 and 11.)

NOW TURN TO TASK 4

TOPIC 5

-ir verbs behaving like -er verbs

ouvrir *to open*

j'ouvre	nous ouvrons
tu ouvres	vous ouvrez
il ouvre	ils ouvrent
elle ouvre	elles ouvrent

Ouvrir is one of a small group of verbs which behave like **-er** verbs in the present tense although their infinitive ends in **-ir**.

offrir	Mes parents m'offrent une mobylette pour Noël.	*My parents are buying me a moped for Christmas.*
souffrir	Elle souffre beaucoup.	*She's very ill.*
cueillir	Nous cueillons des poires.	*We're picking pears.*

TOPIC 6
Regular -re verbs
---

perdre   *to lose*

je perds	nous perdons
tu perds	vous perdez
il perd	ils perdent
elle perd	elles perdent

A great many verbs have infinitives ending in **-re**. Here are some of the most common ones:

vendre	On vend des cassettes ici?	*Do you sell cassettes here?*
répondre	Elle ne répond pas à mes lettres.	*She doesn't answer my letters.*
descendre	Nous descendons ici.	*We get off here.*
fondre	La neige fond.	*The snow is melting.*
attendre	Qui attends-tu?	*Who are you waiting for?*
entendre	J'entends de la musique.	*I can hear music.*
correspondre	Ils correspondent avec une école allemande.	*They correspond with a German school.*
se rendre à	Je me rends à la mairie.	*I'm going to the Town Hall.*
rendre	Je rends ce disque à Henri.	*I'm giving this record back to Henry.*

(There are a few **-re** verbs which don't behave like **perdre**. You will find them in Topic 8.)

être, avoir, aller, faire, dire

Nous avons des problèmes avec notre fils

être   *to be*

je suis	nous sommes
tu es	vous êtes
il est	ils sont
elle est	elles sont

avoir   *to have*

j'ai	nous avons
tu as	vous avez
il a	ils ont
elle a	elles ont

aller   *to go*

je vais	nous allons
tu vas	vous allez
il va	ils vont
elle va	elles vont

faire   *to do, to make*

je fais	nous faisons
tu fais	vous faites
il fait	ils font
elle fait	elles font

dire   *to say, to tell*

je dis	nous disons
tu dis	vous dites
il dit	ils disent
elle dit	elles disent

DID YOU KNOW?

- All **nous** forms in the present tense in French end in **-ons** except **nous sommes**.
- All **vous** forms end in **-ez** except **vous êtes**, **vous faites** and **vous dites**.
- All **ils** forms end in **-ent** except **ils sont**, **ils ont**, **ils vont** and **ils font**.
- Some expressions in French use **avoir** where English uses the verb *to be*.

J'ai raison	*I'm right*
tort	*wrong*
chaud	*hot*
froid	*cold*
faim	*hungry*
soif	*thirsty*
sommeil	*tired*
honte	*ashamed*
peur	*afraid*
de la chance	*lucky*
16 ans	*16*

J'ai soif !

- J'ai besoin d'un marteau. — *I need a hammer.*
- J'en ai marre. — *I'm fed up.*

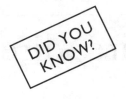

- **Il fait** is used when talking about the weather.

Il fait beau	*It's fine*
mauvais	*rotten weather*
chaud	*hot*
froid	*cold*
du vent	*windy*
du brouillard	*foggy*
du soleil	*sunny*

| ! | You can also say: Il y a du vent. Il y a du soleil.

- Also note these expressions:

Il fait nuit.	*It is dark.*
Il fait jour.	*It is light.*
Il se fait tard.	*It's getting late.*
Je vais me faire couper les cheveux.	*I'm going to have my hair cut.*
Il fait construire un garage.	*He's having a garage built.*
Elle me fait travailler.	*She makes me work.*
Il se fait comprendre.	*He makes himself understood.*

- **Aller** can be used to say what you *are going* to do – just like English.
  - – Tu vas sortir ce soir?   *'Are you going to go out tonight?'*
  - – Non, je vais rester chez moi.   *'No, I'm going to stay in.'*
- **Aller** is also used to ask how people are:
  - – Comment allez-vous ce matin? *'How are you this morning?'*
  - – Je vais bien, merci, et vous? *'I'm very well, thanks, and you?'*
- **S'en aller** means *to go away*.

je m'en vais	nous nous en allons
tu t'en vas	vous vous en allez
il s'en va	ils s'en vont
elle s'en va	elles s'en vont

Bon, je m'en vais. J'ai mes courses à faire.	*Right, I'm off. I've got my shopping to do.*

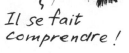

Il se fait comprendre !

NOW TURN TO TASK 7

TOPIC 8

mettre, prendre

mettre   *to put (on)*

je mets	nous mettons
tu mets	vous mettez
il met	ils mettent
elle met	elles mettent

remettre	Il remet les cahiers au professeur.	*He hands the exercise books to the teacher.*
permettre	Il me permet d'emprunter son vélo.	*He allows me to borrow his bike.*
se mettre en route	Nous nous mettons en route maintenant.	*We're setting off now.*
se mettre à	Ils se mettent à travailler à 7h.	*They begin to work at seven.*
promettre	Je promets de ne plus recommencer.	*I promise I won't do it again.*

prendre *to take*

je prends	nous prenons
tu prends	vous prenez
il prend	ils prennent
elle prend	elles prennent

J'apprends à nager !

apprendre	J'apprends à nager.	*I'm learning to swim.*
	Il m'apprend à jouer de la guitare.	*He's teaching me to play the guitar.*
comprendre	Tu comprends ce qu'il dit?	*Do you understand what he's saying?*
surprendre	Cela me surprend.	*That surprises me.*
reprendre	Elle reprend son travail lundi.	*She's starting work again on Monday.*

- **Prendre** is a very useful word in French, used in a wide range of situations – particularly to do with food and drink:

Qu'est-ce que tu prends?	*What will you have (to drink)?*
A quelle heure tu prends le bus?	*What time do you catch the bus?*

- **Battre** (to beat) and **se battre** (to fight) behave like **mettre** in the present tense:

Il me bat souvent en tennis.	*He often beats me at tennis.*
Mes frères se battent toujours.	*My brothers are always fighting.*

NOW TURN TO TASK 8

vouloir, pouvoir, devoir, savoir

Est-ce que je peux te revoir?

vouloir   *to wish, to want*

je veux	nous voulons
tu veux	vous voulez
il veut	ils veulent
elle veut	elles veulent

pouvoir   *to be able (I can)*

je peux	nous pouvons
tu peux	vous pouvez
il peut	ils peuvent
elle peut	elles peuvent

Notice the similarity between these two verbs. Here are some examples of them in use.

Est-ce que je peux vous revoir?	*Can I see you again?*
Vous voulez venir avec nous?	*Do you want to come with us?*
Ah oui, je veux bien.	*Oh yes, I'd love to.*

- The question form of **je peux** is **puis-je?**

  Puis-je prendre ce verre?   *May I take this glass?*
- Note this expression:

  Le professeur m'en veut.   *The teacher doesn't like me.*

devoir   *to have to (I must)*

je dois	nous devons
tu dois	vous devez
il doit	ils doivent
elle doit	elles doivent

savoir   *to know (how to)*

je sais	nous savons
tu sais	vous savez
il sait	ils savent
elle sait	elles savent

- **Savoir** means *to be able* when you are talking about skills.

  Tu sais nager?   *Can you swim?*

  Il ne sait pas danser.   *He can't dance.*

  But **pouvoir** must be used when it is *not* a skill that is being referred to.

  Tu peux sortir ce soir?   *Can you come out tonight?*

  Non je ne peux pas. Je suis occupé(e). *No, I can't. I'm busy.*
- Where **savoir** means *to know*, it can only be used when talking about information.

Savez-vous à quelle heure part le train?	*Do you know what time the train leaves?*

  If you are talking about knowing people, places or things, use **connaître**.

Je connais Paris comme ma poche.	*I know Paris like the back of my hand.*
Elle ne connaît pas mon frère.	*She doesn't know my brother.*
Il connaît bien le français.	*He knows French well.*

- **Devoir** means *to owe* as well as *to have to*.

  Combien je vous dois?   *How much do I owe you?*
- All four of the verbs in this section are often followed by the infinitives of other verbs.

Il est tard. Je dois rentrer.	*It's late. I must go back.*
Je ne peux pas rester ici.	*I can't stay here.*
On veut payer.	*We want to pay.*
Vous savez conduire?	*Can you drive?*

NOW TURN TO TASK 9

Savoir and **devoir** in Topic 9 are two verbs whose endings are **-s, -s, -t, -ons, -ez, -ent**. This is a common pattern in irregular verbs and all of the remaining verbs in this present tense section have these endings.

However, although the endings of these irregular verbs are the same, they show all sorts of changes in their stems and so have to be learnt separately or in small groups.

TOPIC 10

partir, sortir *etc.*

C'est toujours pareil quand ils partent en vacances

partir (de)   *to leave*

je pars	nous partons
tu pars	vous partez
il part	ils partent
elle part	elles partent

sortir (de)   *to go/come out (of)*

je sors	nous sortons
tu sors	vous sortez
il sort	ils sortent
elle sort	elles sortent

Je pars de la maison à six heures.	*I leave the house at 6 o'clock.*
Nous sortons de l'école à quatre heures.	*We come out of school at four o'clock.*

Here are some others which have a similar pattern:

dormir	– Tu dors?	*'Are you asleep?'*
	– Non, je ne dors pas.	*'No, I'm not asleep.'*
se sentir	– Vous vous sentez mieux?	*'Do you feel better?'*
	– Non, je me sens malade.	*'No, I feel ill.'*
se servir	– Je me sers?	*'Do I help myself?'*
	– Oui, bien sûr, servez-vous.	*'Yes, of course, help yourself.'*
mentir	– Vous mentez!	*'You're lying!'*
	– Mais non, je ne mens jamais.	*'No, I never lie.'*

● There is also **repartir** (to set off again) and **ressortir** (to go out again).

NOW TURN TO TASK 10

TOPIC 11

venir, tenir *etc.*

venir *to come*

je viens	nous venons
tu viens	vous venez
il vient	ils viennent
elle vient	elles viennent

revenir	Il revient demain.	*He's coming back tomorrow.*
devenir	Elle devient impatiente.	*She's getting (becoming) impatient.*
souvenir	Je me souviens.	*I remember.*
tenir	Elle tient un café.	*She owns a café.*
	Elle tient un sac.	*She's holding a bag.*
tenir à	Je tiens à savoir la vérité.	*I insist on knowing the truth.*
se tenir	Ils se tiennent à l'arrêt.	*They're standing at the bus stop.*

Vous venez souvent ici?

NOW TURN TO TASK 11

conduire, courir, lire, écrire, rire, suivre, vivre

The verbs in this topic are all of the -s, -s, -t, -ons, -ez, -ent pattern. Only the **je** and **nous** forms are given but from these you can work out the other forms.

conduire	Je conduis assez lentement.	*I drive quite slowly.*
	Nous conduisons . . .	*We drive . . .*
courir	Je cours vite.	*I run quickly.*
	Nous courons . . .	*We run . . .*
lire	Je lis Pif-Gadget.	*I read Pif-Gadget (a comic).*
	Nous lisons . . .	*We read . . .*
écrire	J'écris à Colette.	*I am writing to Colette.*
	Nous écrivons . . .	*We are writing . . .*
rire	Je ris chaque fois qu'il parle.	*I laugh every time he speaks.*
	Nous rions . . .	*We laugh . . .*
suivre	Je suis cette voiture-là.	*I'm following that car.*
	Nous suivons . . .	*We're following . . .*
vivre	Je vis bien.	*I live well.*
	Nous vivons . . .	*We live . . .*

| ! | When you are saying *where* you live, use **habiter**.
Nous habitons (à) Paris.   *We live in Paris.*

NOW TURN TO TASK 12

boire, connaître, mourir, recevoir, voir

The verbs in this topic also have -s, -s, -t, -ons, -ez, -ent endings but most have more marked stem changes than those in Topic 12, so more forms are given. You should be able to work out the others.

boire	Je bois beaucoup d'eau.	*I drink lots of water.*
	Nous buvons du cidre à table.	*We drink cider with our meals.*
	Tes amis boivent trop.	*Your friends drink too much.*
connaître	Il me connaît bien. (Circumflex (^) on **il/elle** form.)	*He knows me well.*
	Nous connaissons ton frère.	*We know your brother.*
	Ils vous connaissent.	*They know you.*
mourir	Je meurs de faim.	*I'm dying of hunger.*
	Nous mourons de soif.	*We're dying of thirst.*
	Ils meurent.	*They're dying.*
recevoir	Je reçois beaucoup de lettres.	*I receive lots of letters.*
	Nous recevons des amis.	*We have friends staying.*
	Ils reçoivent des lettres.	*They receive letters.*
voir	Je ne vois pas mes lunettes.	*I can't see my glasses.*
	Nous voyons ta mère mercredi.	*We're seeing your mother on Wednesday.*
	Ils nous voient.	*They can see us.*

- **reconnaître** (to recognise) is like **connaître**. So is **paraître** (to seem).
- **apercevoir** (to catch sight of) is like **recevoir**.
- **revoir** (to see again) is like **voir**.

Oui, c'est bien lui.
Je reconnais son
petit **bonnet**
ridicule.

NOW TURN TO TASK 13

*Vraiment Roger,
il faut tondre
cette pelouse!*

TOPIC 14

Impersonal verbs

Impersonal verbs only have an **il** form.

il pleut	*it's raining*
il neige	*it's snowing*
il faut partir	*it is necessary to (I, we, etc., must) leave*
il vaut mieux rester	*it's better to stay*
il y a du vin	*there is some wine*
il y a des sandwichs	*there are some sandwiches*

Mange comme il faut!   *Eat properly!*

s'asseoir

- **S'asseoir** (to sit down) is a most awkward verb to say, learn and spell correctly, so study it carefully. (Notice that it is a reflexive verb.)

je m'assieds	nous nous asseyons
tu t'assieds	vous vous asseyez
il s'assied	ils s'asseyent
elle s'assied	elles s'asseyent

- You can only use **s'asseoir** for the *action* of sitting down. If you want to say someone *is sitting* you use **être assis**(e)(s).

Elle est assise là-bas.	*She is sitting over there.*
Ils sont assis au coin.	*They are sitting in the corner.*
Elles sont assises sur le trottoir.	*They are sitting on the pavement.*

NOW TURN TO TASK 14

depuis, venir de

In the following structures the present tense is used in French. Notice that in the equivalent structure in English the past tense is used.

- – Depuis quand habites-tu ici?

  'How long *have you been living here?*'

  – J'habite ici depuis un an.

  '*I've lived (been living) here for a year.*'

  Nous apprenons le français depuis cinq ans.

  We've been learning French for five years.

  Je suis ici depuis deux heures et quart.

  I've been here since quarter past two.

  Depuis means *for* or *since* in connection with a period of time. It is used with the present tense to say what people *have been* (and are still) *doing*.

- By using the present tense of **venir** (to come) followed by **de** and an infinitive you can say what people *have just done*.

  Je viens d'arriver.   *I've just arrived.*

  Elle vient de sortir.   *She's just gone out.*

[!] Two further situations where French uses the present tense while English doesn't.

  Je viens chercher la tondeuse.   *I've come to get the lawnmower.*

  C'est la première fois que je visite la France.   *It's the first time I've visited France.*

NOW TURN TO TASK 15

Tu attends depuis longtemps?

The imperative

Mange tes légumes!

The imperative is used for giving orders and is based on the **tu, vous** and **nous** forms of the present tense.

In English, when you say things like *Bring my shoes, Take this upstairs* you mean <u>You</u> *bring my shoes*, <u>You</u> *take this upstairs*.

The same is true of French but, as French has two words for *you*, either the **tu** or **vous** form of the verb is used according to circumstances.

If you are speaking to one person you know well, use the **tu** form of the verb, but not the **tu** itself.

Bois ton lait, Yvette!	*Drink your milk, Yvette.*
Finis tes devoirs!	*Finish your homework.*
Attends-moi ici!	*Wait for me here.*

This applies to most verbs, but for **-er** verbs (including **aller**) you have to remember to drop the **-s** ending as well.

Mange tes légumes!	*Eat your vegetables!*
Passe-moi le journal.	*Pass me the paper.*
Va chercher Raoul.	*Go and get Raoul.*
But: Vas-y! *Go on!*	

! In France you often hear people using the **tu** as well:
   Tu m'attends là.   *Wait for me there.*

If you are speaking to someone you don't know well enough to call **tu**, or to more than one person, use the **vous** form of the verb.
   Restez là, monsieur. Je reviens.   *Stay there, monsieur. I'll be back.*
   Venez avec moi, mademoiselle.   *Come with me, mademoiselle.*

● **Etre** and **avoir** have special forms.

   Sois sage, Jean-Paul!   *Behave yourself, Jean Paul! (Be good!)*
   Soyez prudent!   *Be careful!*
   N'aie pas peur. ⎫
   N'ayez pas peur. ⎭ *Don't be afraid.*

● So has **vouloir**.

   Veuillez me suivre, madame.   *Would you follow me, madame.*

Veuillez is used when signing off at the end of business letters:
   Veuillez agréer, Madame, l'expression de mes sentiments distingués.
It is more or less the equivalent of *Yours faithfully.*

- If you want to say *Let's* do something in French, you use the **nous** form of the present tense.

Allons chez Pierre.	*Let's go round to Pierre's house.*
Prenons un taxi.	*Let's take a taxi.*

  Avoir and **être** have special forms.

Soyons courageux.	*Let's be brave.*
N'ayons pas peur.	*Let's not be afraid.*

TOPIC 17

The imperative of reflexive verbs

se lever   *to get up*

lève-toi	*get up* (familiar singular)
ne te lève pas	*don't get up*
levez-vous	*get up* (polite singular / plural)
ne vous levez pas	*don't get up*
levons-nous	*let's get up*
ne nous levons pas	*let's not get up*

All reflexive verbs follow this pattern in the imperative.

amuse-toi bien	*enjoy yourself*
pousse-toi	*move along a bit*

As you know, not all reflexive verbs are regular -er verbs. Here are the imperative forms of some common irregular reflexive verbs:

assieds-toi asseyez-vous	} *sit down*	tais-toi! taisez-vous!	} *shut up!*
mets-toi là mettez-vous là	} *sit there*	va-t-en! allez-vous-en!	} *go away!*
sers-toi servez-vous	} *help yourself*		

Some are used only in the negative.

ne t'énerve pas ne vous énervez pas	} *keep your temper*
ne t'en fais pas ne vous en faites pas	} *don't worry about it*

SECTION TWO *The perfect tense*

In English, when we talk about incidents in the past we have two different ways of doing it.

- We can say what we *did*.
  I *saw* Alison yesterday.
  He *went* to Bristol last week.
  They *gave* us nearly £100.
- We can also say what we *have done*.
  I *have seen* Alison this morning.
  He *has been* to Bristol twice this month.
  They *have given* us nearly £100.

The French perfect tense covers both types of sentence. The French name for this tense, **le passé composé**, gives a clue to how it is formed. It is *composed* of two 'bits', the present tense of **avoir** or **être** and the past participle of the main verb. So **j'ai mangé**, for example, means both *I ate* and *I have eaten*.

Most verbs use **avoir**. The first four topics of this section deal with the most important of those verbs. However, quite a few very common verbs use **être**, and they should be carefully learnt (see Topic 22).

TOPIC 18
Past participles ending in -é

Elle a mangé mon ballon de football

The most common past participle ending in English is *-ed*:
  I've *worked* hard, *played* hard and *tried* to keep everyone happy.

(There are of course other, irregular past participles such as *I have eaten*, *I have bought*, *I have done*, *I have been*, and so on.)

In French, too, one past participle type is more common than any other – that ending in -é. This is the ending for -er verbs, which you met in Topic 1. The **-er** of the infinitive is replaced by **-é** to give the past participle.

Here is the whole of the perfect tense of **acheter** (to buy). It is *composed* of the present tense of **avoir** (to have) and the past participle.

j'ai acheté	nous avons acheté
tu as acheté	vous avez acheté
il a acheté	ils ont acheté
elle a acheté	elles ont acheté

(*I have bought* or *I bought* etc.)

- If you want to ask a question you can turn the first two words around.

  As-tu acheté le vin?   *Have you bought the wine? Or: Did you buy the wine?*

  Or you can use **est-ce que . . . ?**

  Est-ce que tu as acheté le vin?

  Or you can simply leave it as a statement and say it in a questioning way, making your voice rise at the end.

  Tu as acheté le vin?

  This is the most common way of asking questions in conversation.

- If you want to say someone *hasn't done* or *didn't do* something, you do this:

  Je ne vous ai pas vu récemment, Monsieur Leblanc

je n'ai pas acheté	nous n'avons pas acheté
tu n'as pas acheté	vous n'avez pas acheté
il n'a pas acheté	ils n'ont pas acheté
elle n'a pas acheté	elles n'ont pas acheté

  (*I haven't bought* or *I didn't buy* etc.)

- Remember that there are a great number of **-er** verbs. Look back to the list at the end of Topic 1. The past particle of all the verbs in that list ends in **-é**.

- Notice too that **être** has a past participle ending in **-é**.

  J'ai été malade.   *I have been ill. Or: I was ill.*

  Non, docteur, j'ai été malade

NOW TURN TO TASK 18

TOPIC 19
Past participles ending in -i

Alors, madame, vous avez choisi?

Here is the perfect tense of **finir** (to finish). Its past participle ends in **-i**.

j'ai fini	nous avons fini
tu as fini	vous avez fini
il a fini	ils ont fini
elle a fini	elles ont fini

(*I have finished* or *I finished* etc.)

Finir is a regular **-ir** verb. To form the past participle of all **-ir** verbs, remove the **r** of the infinitive.

J'ai choisi cette chemise-là.	*I've chosen that shirt.*
Tu as rempli le panier?	*Have you filled the basket?*
Mon père a grossi.	*My father has put on weight.*
Ma mère a maigri.	*My mother has lost weight.*
Jean a grandi.	*John has grown.*
Ils ont averti les pompiers.	*They alerted the fire-brigade.*
Vous avez rougi.	*You blushed.*
Elle a saisi la corde.	*She grabbed the rope.*

	J'ai réfléchi un instant.	*I thought a moment.*
	On a réussi à les trouver.	*We managed to find them.*
	Tout le monde a applaudi.	*Everybody clapped.*

- There are a few other verbs with **-ir** infinitives which are not regular **-ir** verbs like those above but which form their past participle in the same way.

	J'ai bien dormi cette nuit.	*I slept well last night.*
	Nous avons servi du steak.	*We served steak.*
	J'ai failli tomber.	*I nearly fell.*
	Elle a cueilli des roses.	*She picked some roses.*

- There are also some verbs with **-re** infinitives which have a past participle ending in **-i**.

Tout le monde a ri.	(rire)	*Everybody laughed.*
Elle m'a souri.	(sourire)	*She smiled at me.*
Je l'ai suivi.	(suivre)	*I followed him.*
Ils ont poursuivi les voleurs.		*They chased the thieves.*
(poursuivre)		

NOW TURN TO TASK 19

TOPIC 20

Past participles ending in -is *and* -it

Past participles which end in **-it** are based quite closely on their infinitives. Those which end in **-is** are less like their infinitives. For the most important ones, see below, and over the page.

mettre	J'ai mis le beurre au frigo.	*I've put the butter in the fridge.*
	Elle a mis son pull rouge.	*She put on her red sweater.*
remettre	Il m'a remis la lettre.	*He handed me the letter.*
permettre	Elle m'a permis d'entrer.	*She allowed me to go in.*
promettre	J'ai promis de revenir.	*I've promised to come back.*

J'ai promis de revenir!

prendre	Qui a pris ma trousse?	*Who has taken my pencil case?*
	J'ai pris un taxi.	*I took a taxi.*
	On a pris un coca.	*We had a coke.*
apprendre	Elle a appris à nager.	*She has learnt to swim.*
	Elle m'a appris à nager.	*She has taught me to swim.*
comprendre	Je n'ai rien compris.	*I didn't understand a thing.*
surprendre	Ils m'ont surpris.	*They surprised me.*
conduire	Vous avez conduit trop vite.	*You drove too quickly.*
construire	Ils ont construit cette maison.	*They built this house.*
traduire	J'ai traduit ta lettre.	*I've translated your letter.*
dire	Qu'est-ce qu'il a dit?	*What did he say?*
écrire	Elle m'a écrit.	*She wrote to me.*
décrire	Il a décrit le voleur.	*He described the thief.*
faire	Qu'as-tu fait?	*What did you do?*

NOW TURN TO TASK 20

TOPIC 21

Past participles ending in -u and -ert

Tu as beaucoup souffert?

This topic deals with the rest of the past participle types. Most end in **-u**.

All regular **-re** verbs like **vendre** take a **-u** past participle. Here are some of the more common ones.

J'ai vendu mon appareil.	*I've sold my camera.*
On a attendu cinq minutes.	*We waited five minutes.*
Il a répondu à ma question.	*He answered my question.*
Tu as entendu ce bruit?	*Did you hear that noise?*
J'ai perdu mon foulard.	*I've lost my scarf.*

● There are a few other verbs whose past participles end in **-u** which are not regular **-re** verbs but which have past participles based quite closely on their infinitives.

vouloir	Il a voulu me voir.	*He wanted to see me.*
recevoir	J'ai reçu ta lettre.	*I received your letter.*

connaître	J'ai connu des gens célèbres.	*I have known famous people.*
disparaître	La voiture a disparu.	*The car disappeared.*
battre	Elle a battu Colette.	*She beat Colette.*
courir	Il a couru vers la voiture.	*He ran towards the car.*

- There are also some one-syllable past participles ending in **-u**, most of them consisting of only two letters. They are not closely based on their infinitives.

avoir	On a eu un accident.	*We've had an accident.*
	Il y a eu un accident.	*There's been an accident.*
boire	Il a bu tout son lait.	*He drank all his milk.*
lire	Tu as lu cet article?	*Have you read this article?*
devoir	Il a dû partir.	*He had to leave.* Or: *He must have left.*
pouvoir	Je n'ai pas pu payer.	*I couldn't pay.*
savoir	Elle n'a pas su quoi faire.	*She didn't know what to do.*
croire	J'ai cru entendre un bruit.	*I thought I heard a noise.*
voir	Tu as vu ça?	*Did you see that?*

- That leaves the **-ert** past participles:

ouvrir	Alain a ouvert la porte.	*Alan opened the door.*
offrir	Il m'a offert un cadeau.	*He gave (offered) me a present.*
souffrir	Tu as beaucoup souffert?	*Did it hurt a lot?*
couvrir	Elle m'a couvert de baisers.	*She covered me with kisses.*

NOW TURN TO TASK 21

TOPIC 22
The perfect tense with être

Some verbs form their perfect tense with **être** not **avoir**. In this topic we shall be looking at about twenty verbs of this type. Many of them are 'high-frequency' verbs – verbs which are used a lot – and should be learnt thoroughly.

We are sometimes told that **être** verbs are 'verbs of movement'. If you look at the list later in the topic you will see that many of them are indeed concerned with movement but that some are not. It is also important to remember that many verbs concerned with movement go with **avoir**. **J'ai couru** (I ran) and **j'ai marché** (I walked) are examples.

Here is the whole of the perfect tense of **arriver** (to arrive).

je suis arrivé(e)	nous sommes arrivé(e)s
tu es arrivé(e)	vous êtes arrivé(e)(s)
il est arrivé	ils sont arrivés
elle est arrivée	elles sont arrivées

Je suis arrivée means both *I arrived* and *I have arrived*.

As you can see, the past participle changes its ending according to who is doing the action. The reason for the letters in brackets is that **je**, **tu** and **nous** can refer to either sex and that **vous** can refer to either sex and to one person or several.

If the subject (e.g. **je**) is feminine, an **-e** is added. If the subject is more than one person (e.g. **nous**), add **-s** if they are masculine (or mixed) and **-es** if they are feminine.

The added letters do not affect the way the past participle is said. Remember that *things* are masculine or feminine too.

la voiture   Les voitures sont parties.   *The cars have left.*

> [!] You have to get used to the idea that when **être** forms part of the perfect tense it means *have/has* and not *is/are*.

> [!] Instead of **nous sommes arrivé(e)s** you can also say **on est arrivé**.

- You can ask questions in the same three ways as for **avoir** verbs.
  Il est arrivé?
  Est-ce qu'il est arrivé? } *Has he arrived?*   Or: *Did he arrive?*
  Est-il arrivé?

- In the negative, **ne . . . pas** is put either side of the relevant form of **être**.
  Il n'est pas arrivé.   *He hasn't arrived.*   Or: *He didn't arrive.*

There are not many verbs which form their perfect tense with **être**. But you will see in the next topic that all reflexive verbs do, which is quite easy to remember. The important thing is to try to memorise those in the list opposite. The first four pairs are most important. By elimination, any verb not in the list opposite and not reflexive forms its perfect tense with **avoir**.

Elle est sortie

aller	je suis allé(e)	*I went*
venir	je suis venu(e)	*I came*
arriver	tu es arrivé(e)	*you arrived*
partir	tu es parti(e)	*you left*
entrer	il(elle) est entré(e)	*he(she) came/went in*
sortir	il(elle) est sorti(e)	*he(she) came/went out*
monter	nous sommes monté(e)s	*we went up, or got in (e.g. car)*
descendre	nous sommes descendu(e)s	*we went down, or got out (e.g. car)*
revenir	vous êtes revenu(e)(s)	*you came back*
retourner	vous êtes retourné(e)(s)	*you went back*
naître	il est né	*he was born*
mourir	il est mort	*he died*

tomber	Il est tombé de son vélo.	*He fell off his bike.*
rester	Ils sont restés chez eux.	*They stayed at home.*
devenir	Elle est devenue médecin.	*She became a doctor.*
rentrer	Je suis rentré(e) chez moi.	*I went back home.*
passer	Je suis passé(e) chez lui.	*I went over to his house.*
repartir	Ils sont repartis à une heure.	*They set off again at one o'clock.*
remonter	Elle est remontée dans le train.	*She got back into the train.*
redescendre	Alain est redescendu au salon.	*Alan went back down to the lounge.*
ressortir	Nous sommes ressorti(e)s du café.	*We came back out of the café.*

- Some of these verbs can form their perfect tense with **avoir** when they have different meanings from those given above.

J'ai retourné sa valise.	*I sent his case back.*
On a monté les valises.	*They took the cases up.*
Ils ont descendu les meubles.	*They took the furniture down.*
J'ai sorti mon mouchoir.	*I took out my handkerchief.*
Elle a rentré le linge.	*She brought in the washing.*

- Remember these:

L'agent est monté.
L'agent a monté l'escalier. } *The policeman went upstairs.*

Nous sommes descendu(e)s.
Nous avons descendu l'escalier. } *We went downstairs.*

Mais non, il n'est pas tombé.
Tu l'as poussé !

NOW TURN TO TASK 22

Tu t'es rasé ce matin, chéri ?

The perfect tense of reflexive verbs

You met reflexive verbs in Topic 3. All reflexive verbs form their perfect tense with **être**, like this:

je me suis levé(e)	nous nous sommes levé(e)s
tu t'es levé(e)	vous vous êtes levé(e)(s)
il s'est levé	ils se sont levés
elle s'est levée	elles se sont levées

se réveiller	Je me suis réveillé(e) le premier.	*I woke up first.*
se laver	Tu t'es lavé(e) ce matin?	*Did you get washed this morning?*
se raser	Il s'est rasé.	*He had a shave.*
s'habiller	Je me suis habillé(e).	*I got dressed.*
s'amuser	Vous vous êtes bien amusé(e)?	*Did you enjoy yourself?*
se cacher	Ils se sont cachés.	*They hid.*
se baigner	Elles se sont baignées.	*They went swimming.*
se reposer	Je me suis reposé(e) hier.	*I had a rest yesterday.*
se coucher	Roger s'est couché à onze heures.	*Roger went to bed at eleven.*
s'approcher	Je me suis approché(e) de l'agent.	*I went up to the policeman.*
s'endormir	Je me suis endormi(e).	*I went to sleep.*
s'asseoir	Elle s'est assise.	*She sat down.*
se mettre à	Il s'est mis à travailler.	*He began to work.*

- The past participle, as you can see, changes its ending just as it did with the verbs in the previous topic.

  If a past participle ends in **-s** (for example the past participle of **s'asseoir** is **assis**), there are two points to note. First, the presence of **-e** or **-es** makes a change to the sound. **Il s'est assis** and **elle s'est assise** sound different. The **e** gives the **s** a *z* sound. Secondly, you can't add **s** to a past participle already ending in **-s**.

  Il s'est assis.
  Ils se sont assis.

- There are exceptions when the past participle does not change its ending. You need to learn these.

    One is when it is the person's own body that is involved – either deliberately or accidentally.

Elle s'est lavé les mains.	*She washed her hands.*
Ils se sont brossé les dents.	*They brushed their teeth.*
Elle s'est cassé la jambe.	*She broke her leg.*
Elle s'est foulé la cheville.	*She sprained her ankle.*

    Another is when the reflexive pronoun has the meaning of *each other* or *to each other.*

Ils se sont écrit.	*They wrote to each other.*
Elles se sont téléphoné.	*They phoned each other.*
Nous nous sommes dit 'au revoir'.	*We said 'goodbye' to each other.*

- Questions are asked in the same three ways as have been mentioned in earlier topics.

Elle s'est amusée?	
Est-ce qu'elle s'est amusée?	*Has she enjoyed herself?*
S'est-elle amusée?	Or: *Did she enjoy herself?*

- Note where **ne . . . pas** goes:

Je ne me suis pas lavé.	*I didn't get washed.*
Il ne s'est pas levé.	*He hasn't got up.*
Nous ne nous sommes pas reposés.	*We didn't have a rest.*
Ils ne se sont pas excusés.	*They didn't apologise.*

NOW TURN TO TASK 23

The other tenses

The imperfect tense

Quand il était jeune, il était pilote de course

First, the easy bit. The imperfect is a very easy tense to form. Take the **nous** form of the present tense, remove the **-ons** ending then add the imperfect endings.

Like this:

(finir)   nous finissons

je finissais	nous finissions
tu finissais	vous finissiez
il finissait	ils finissaient
elle finissait	elles finissaient

(*I was finishing, I finished, I used to finish* etc.)

The only verb whose imperfect cannot be formed like this is **être** (because it is the only verb in French which does not have a **nous** form ending in **-ons** in the present tense).

j'étais	nous étions
tu étais	vous étiez
il était	ils étaient
elle était	elles étaient

(*I was, you were* etc.)
All the endings apart from **nous** and **vous** sound the same.

[!] How the imperfect is formed, then, is quite easy but when to use it takes careful learning. The last section was devoted to the perfect tense, which is used to say what people *did* or *have done*. Confusion often arises between the perfect and imperfect, so let's have a closer look at the way the perfect tense is used before contrasting it with the imperfect.

● Perfect tense actions always occur at a particular point in time. Usually, the action is begun and ended quite quickly.

Il a ouvert la porte.   *He opened the door.*
Je me suis assis au coin.   *I sat down in the corner.*

But perfect tense actions can have lasted for some time. The important thing to remember is that they are over and done with. They have a beginning and an end no matter how long they take.

Henri a travaillé pendant deux heures.   *Henry worked for two hours.*
La guerre a duré six ans.   *The war lasted six years.*

The only thing that the perfect and imperfect have in common is that they are past tenses. They can be used in combination in the same sentence but they have different functions.

- The imperfect is not used for single actions or events. It can be used for repeated events, however. Contrast these two sentences.

Mercredi dernier Pierre **est allé** au cinéma.	*Last Wednesday Pierre went to the cinema.*
Tous les mercredis Pierre **allait** au cinéma.	*Every Wednesday Pierre went to the cinema.*

  In both sentences the English is *Pierre went to the cinema*. In the second sentence it could also be *Pierre used to go*. This variety in the English wording is one of the problems of trying to understand the French use of the imperfect. The important difference between the two sentences is that *last Wednesday* fixes the first action at a particular point in time, but *every Wednesday* tells us that this action happened over and over again.

- The imperfect is also used to say what *was happening*.

Ils mangeaient des pommes.	*They were eating apples.*
Je faisais la vaisselle.	*I was doing the washing up.*

- It is also used to give background information.

Il y avait beaucoup de monde.	*There were lots of people.*
Je voulais payer moi-même.	*I wanted to pay myself.*
Il ne savait pas l'heure.	*He didn't know the time.*

- The imperfect can be used with another imperfect.

Henri jouait pendant que Martin travaillait.	*Henry was playing while Martin was working.*

- Or it can combine with the perfect tense.

Il pleuvait quand il a quitté la maison.	*It was raining when he left the house.*
Elle travaillait quand je suis entré.	*She was working when I came in.*
Le réveil a sonné, mais je ne pouvais pas me lever.	*The alarm went off, but I couldn't get up.*

  In these sentences, what *happened*? Answer: *He left the house*; *I came in*; *the alarm went off*. The perfect tense, then, is used for what happened once only and the imperfect for what *was happening* or to give background information.

[!] As you saw earlier, **j'étais** means *I was* but it must not be used to say *I was doing* something.

J'étais furieux.	*I was furious.*
But: Je bavardais.	*I was chatting.*
Elle était au salon.	*She was in the lounge.*
But: Elle écoutait ses disques.	*She was listening to her records.*

Note these structures using **depuis** + imperfect. Note that in English the pluperfect tense is needed.

> Il habitait à Paris depuis un an. — *He had been living in Paris for a year.*
>
> Colette travaillait au café depuis deux mois. — *Colette had been working in the café for two months.*

For more information on **depuis** see Topic 15.

NOW TURN TO TASK 24

TOPIC 25
The pluperfect tense

This tense is formed with the imperfect tense of **avoir** or **être** and a past participle. It is used to say what *had happened.*

j'avais trouvé	nous avions trouvé
tu avais trouvé	vous aviez trouvé
il avait trouvé	ils avaient trouvé
elle avait trouvé	elles avaient trouvé

(*I had found* etc.)

If a verb takes **être** in the perfect tense, it takes **être** in the pluperfect too.

j'étais parti(e)	nous étions parti(e)s
tu étais parti(e)	vous étiez parti(e)(s)
il était parti	ils étaient partis
elle était partie	elles étaient parties

(*I had left* etc.)

Reflexive verbs take **être** in the perfect tense, so they take **être** in the pluperfect too.

je m'étais levé(e)	nous nous étions levé(e)s
tu t'étais levé(e)	vous vous étiez levé(e)(s)
il s'était levé	ils s'étaient levés
elle s'était levée	elles s'étaient levées

(*I had got up* etc.)

If you can't remember why there are letters in brackets, check back to page 36.

Tu m'as dit qu'il était parti en vacances !

The pluperfect is often used in combination with other tenses.

With the perfect tense:

> Quand je suis arrivé, tout le monde était parti.
> *When I arrived, everyone had left.*

> Il m'a dit qu'il avait vu Bruno.
> *He told me that he had seen Bruno.*

and with the imperfect:

> Je ne savais pas qu'elle était arrivée.
> *I didn't know she'd arrived.*

> Je croyais qu'il avait fait cela.
> *I thought he'd done that.*

NOW TURN TO TASK 25

TOPIC 26
The future tense

Nous dormirons bien ce soir!

The future tense of most verbs is formed by adding the 'future' endings to the infinitive of the verb. The endings are like the present tense endings of **avoir**.

je trouverai	nous trouverons
tu trouveras	vous trouverez
il trouvera	ils trouveront
elle trouvera	elles trouveront

(*I will find* etc.)

All regular **-er** verbs like **trouver**, above, base their future on their infinitives. So do regular **-ir** verbs like **finir**, and a few other verbs with **-ir** infinitives.

finir	Je finirai avant toi.	*I'll finish before you.*
choisir	Il choisira le plus gros.	*He'll choose the biggest one.*
réussir	Tu réussiras, je suis sûr.	*You'll succeed, I'm sure.*
servir	Je servirai le déjeuner.	*I'll serve lunch.*
avertir	On avertira les autres.	*We'll warn the others.*
partir	Le train partira sans moi.	*The train will leave without me.*
sortir	Vous sortirez ce soir?	*Will you go out this evening?*
ouvrir	Ils ouvriront bientôt.	*They'll open soon.*

All verbs with infinitives ending in -re, except être and faire, drop the e before adding the endings.

écrire	Je vous écrirai bientôt.	*I'll write to you soon.*
attendre	On attendra dehors.	*We'll wait outside.*
lire	Il lira le journal plus tard.	*He'll read the paper later.*
prendre	Ils prendront le train de six heures.	*They'll catch the six o'clock train.*

Some verbs do not base their future tense on the infinitive. Here are the most important ones, arranged in similar pairs or groups as far as possible. (They *do* have the 'future' endings.)

être	Je serai de retour à midi.	*I'll be back at twelve.*
faire	Je ferai mes devoirs plus tard.	*I'll do my homework later.*
avoir	Tu auras vingt ans en mars.	*You'll be twenty in March.*
savoir	Tu sauras la vérité.	*You'll know the truth.*
voir	Je te verrai demain.	*I'll see you tomorrow.*
envoyer	Je t'enverrai une carte.	*I'll send you a postcard.*
devoir	Il devra partir.	*He'll have to leave.*
recevoir	Il recevra du courrier.	*He'll receive some mail.*
courir	Ils courront.	*They will run.*
pouvoir	Ils pourront entrer.	*They'll be able to go in.*
venir	On viendra te voir.	*We'll come and see you.*
revenir	Nous reviendrons demain.	*We'll come back tomorrow.*
aller	J'irai à Londres.	*I'll go to London.*
s'asseoir	Je m'assiérai là-bas.	*I'll sit over there.*
falloir	Il faudra partir bientôt.	*We'll have to (it will be necessary to) leave soon.*

Most -er verbs which have a change in the present tense (see Topic 2) keep their change for all parts of the future.

acheter	J'achèterai le pain ici.	*I'll buy the bread here.*
appeler	J'appellerai un agent.	*I'll call a policeman.*
se lever	Je me lèverai de bonne heure.	*I'll get up early.*
nettoyer	Nous nettoierons la chambre.	*We'll clean the bedroom.*

Recognising the future is quite easy. Look for this pattern of endings (always with an r):

-rai	-rons
-ras	-rez
-ra	-ront

You should also remember that in French there are two other ways of referring to the future. Get into the habit of using these when you speak French.

- You can use the present tense – especially for verbs of movement:
    Je reviens lundi.   *I'll come back / I'm coming back on Monday.*
    Tu pars demain?   *Are you leaving tomorrow?*
- You can use **aller** + infinitive. This is obviously easier to use than the future tense and is perfectly acceptable, even in writing.
    Je vais rester ici.   *I'm going to stay here.*
    Je vais me coucher.   *I'm going to go to bed.*
(If the infinitive is a reflexive verb (e.g. **se coucher**), the reflexive pronoun changes to agree with the subject of the sentence.)

! There are two structures you have to be particularly careful about.

- With **quand**:
    Quand je quitterai (*future tense*)   *When I leave school I'll work*
    l'école, je travaillerai (*future*   *with computers.*
    tense) dans l'informatique.
    (See also Topic 27 for more on **quand**.)
- BUT with **si**:
    Si mon père me prête (*present*   *If my father lends me some money,*
    tense) de l'argent, j'achèterai   *I'll buy a moped.*
    (*future tense*) une mobylette.

NOW TURN TO TASK 26

TOPIC 27
The future perfect

Quand tu auras mangé tes légumes...... ......tu auras ton dessert.

This tense is formed with the future tense of **avoir** or **être** and a past participle. It is used to say what *will have happened.*

J'aurai fini vers six heures.   *I'll have finished by about six.*
C'est trop tard, il sera parti.   *It's too late, he'll have left.*
A onze heures nous nous serons   *At eleven o'clock we'll have gone*
    couchés.   *to bed.*

If a verb takes **être** in the perfect tense, it takes **être** in the future perfect.

| ! | Don't forget the rules for agreement of the past participle.
Elle sera partie. *She will have left.*
Ils se seront couchés. *They'll have gone to bed.*

This is not a tense which is used frequently but it does occur after some time expressions:

Dès que vous aurez payé la facture, nous vous enverrons les marchandises.
As soon as you have paid the bill, we will send you the goods.

Quand tu auras fini d'écouter la cassette, tu me la prêteras?
When you've finished listening to the cassette, will you lend it to me?

NOW TURN TO TASK 27

TOPIC 28
The conditional tense

A votre place, moi, je lâcherais !

To form the conditional tense, take the future tense, knock off the 'future' endings and substitute the endings of the imperfect tense:

j'achèterais	nous achèterions
tu achèterais	vous achèteriez
il achèterait	ils achèteraient
elle achèterait	elles achèteraient

(*I would buy* etc.)

If a verb has an irregular future stem, it will be irregular in the conditional: je ferais (*I would do*), je serais (*I would be*), j'irais (*I would go*).

The conditional is basically used to say what *would happen*:

J'irais le voir, si j'avais le temps.	*I would go and see him if I had the time.*
Si j'étais riche, j'achèterais une Porsche.	*If I were rich I would buy a Porsche.*

(Notice that the verb immediately following **si** is imperfect.)

! But the most common everyday use of the conditional is to make a polite request or suggestion using **vouloir** or **pouvoir**. You will already know a number of phrases:

Je voudrais un coca, s'il vous plaît.	*I'd like a coke please.*
Pourriez-vous confirmer ma réservation.	*Would you mind confirming my reservation.*

! Note these English equivalents for the conditional of **devoir** and **pouvoir**:

Tu devrais lui écrire.	*You* | *ought to* | *write to him.* | *should* |
Il pourrait venir demain.	*He* | *could* | *come tomorrow.* | *might* |

NOW TURN TO TASK 28

TOPIC 29

The conditional perfect

This tense is used to say what *would have happened* and is formed from the conditional of **avoir** or **être** and a past participle.

J'aurais téléphoné à la police, moi.	*I would have telephoned the police.*
Je serais parti plus tôt à ta place.	*I would have set off earlier if I'd been you.*
Je me serais reposé un peu.	*I would have rested a little.*
S'il avait su la date, il serait venu.	*If he had known the date, he would have come.*

(Notice that the verb immediately following **si** is pluperfect.)

If a verb takes **être** in the perfect tense, it takes **être** in the conditional perfect.

! Don't forget the rules for agreement of the past participle.
    Elle serait partie.   *She would have left.*
    Ils se seraient couchés.   *They would have gone to bed.*

! Note the English meanings of **devoir** and **pouvoir** in this tense:
    J'aurais dû te téléphoner.   *I should have phoned you.*
    J'aurais pu venir plus tôt.   *I could have come earlier.*

NOW TURN TO TASK 29

TOPIC 30
The past historic

This tense is only used in the written language. In speech, the perfect tense is used for saying what *happened*. In writing, the past historic is used instead of the perfect tense.

Ordinary French people do not often need to use the past historic, only to recognise it. Authors and journalists use it in their work and children at school will use it when writing stories, but the vast majority of people will never write anything in the past historic because in most kinds of personal writing, letters, diaries and so on, the perfect tense is used to say what you *did*. You may not need to use it either but you do need to recognise it.

Here are the four patterns that the past historic takes. (**Tu** and **vous** forms do exist, but they can be safely ignored as they are almost never used.)

1   je trouvai   nous trouvâmes
      il trouva   ils trouvèrent
      (*I found* etc.)

This pattern applies to all **-er** verbs including **aller**.
    Elle alla chercher son père.   *She went to look for her father.*

2   j'attendis   nous attendîmes
      il attendit   ils attendirent
      (*I waited* etc.)

This pattern applies to all regular **-ir** verbs and all regular **-re** verbs. Also, some irregular verbs (see ! below).

3   je bus   nous bûmes
      il but   ils burent
      (*I drank* etc.)

This pattern applies mainly to irregular verbs whose past participle ends in **u**: j'ai **bu**. EXCEPTIONS are **battre** and **voir**, which follow pattern 2: 'j'ai **vu**' but 'je **vis**'; 'j'ai **battu**' but 'je **battis**'.

This pattern also applies to **être**:
    je fus   nous fûmes
      il fut   ils furent
      (*I was* etc.)

4   je vins   nous vînmes
      il vint   ils vinrent
      (*I came* etc.)

This pattern applies to **venir**, **tenir** and all verbs based on them:
    Il revint vers minuit.   *He came back about midnight.*

Patterns 1 and 4 are clear-cut and readily recognisable. You should make yourself familiar with the following examples from patterns 2 and 3.

Pattern 2
il s'assit (s'asseoir)
il dit   (dire)
il fit   (faire)
il mit   (mettre)
il prit   (prendre)
il rit   (rire)
il vit (voir)

Pattern 3
il but   (boire)
il crut   (croire)
il eut (avoir)
il fut   (être)
il lut   (lire)
il put   (pouvoir)
il sut   (savoir)

When you are reading French newspapers and magazines you will generally come across the past historic in the **il**(**s**) and **elle**(**s**) forms.

- Like the perfect tense, the past historic is often used in combination with the imperfect.

Tout le monde était dans la rue quand les agents arrivèrent.	*Everyone was in the street when the policemen arrived.*

- Not only is the past historic never spoken, it is never used in the written language when someone is speaking. The perfect is used instead.

– Je suis allée en ville aujourd'hui, dit-elle.	*'I went into town today,' she said.*
– Moi aussi j'y suis allé, répondit Gaspard.	*'I went too,' replied Gaspard.*

  More past historics are given in the Verb Tables (pp. 105–11).

NOW TURN TO TASK 30

SECTION FOUR   # *The passive*

───────── TOPIC 31 ─────────

- Passive people let things happen to them rather than do things themselves. In the passive in grammar, the subject of the verb has something happen to it instead of doing the action. Compare these sentences:

  A small boy found the money (active)

  The money was found by a small boy (passive)

  In the active sentence the subject, the small boy, actually *did* something, but in the passive sentence the subject, the money, did nothing.

Tu seras mis à la porte

- In both English and French, the passive consists of the relevant part of the verbs **être** or *to be* plus the past participle of another verb.

Elle a été blessée.	*She has been hurt.*
Tu seras mis à la porte.	*You'll be sacked.*
La voiture avait été volée.	*The car had been stolen.*
(Notice that été doesn't change.)	
La victime fut transportée à l'hôpital.	*The victim was taken to hospital.*

  The past participle always 'agrees' with the subject. BUT the 'to be' part doesn't – this is why été doesn't change.

- The passive is less widely used in French than in English. The most widely used alternative is **on** with an active verb.

On t'a vu en disco vendredi soir.	*You were seen at the disco on Friday evening.*
On l'a arrêté hier.	*He was arrested yesterday.*

Some verbs *must* be used in this way.

On m'a	conseillé	de partir.	*I have been*	advised	to leave.
	défendu			forbidden	
	demandé			asked	
	dit			told	
	ordonné			ordered	
	permis			allowed	
	persuadé			persuaded	

- Sometimes, the passive is avoided by using a reflexive verb.

  Les timbres se vendent ici.   *Stamps are sold here.*

  Ça se voit partout.   *It's seen everywhere.*

NOW TURN TO TASK 31

SECTION FIVE

Object pronouns

French object pronouns are not easy either to learn or to use but your spoken and written French will be much better if you have a sound knowledge of them. English is full of object pronouns.

'What did you do with my shoes?'

'I put *them* in your wardrobe.'

'And my shirt?'

'Did you give *it me* to wash?'

'Er . . . no. I've left *it* under my bed.'

'How many times have I told *you*. You must give *me* your dirty clothes! Is Helen up?'

'No she was asleep when I left *her*.'

'Go and wake *her*. Tell *her* not to forget that Uncle Bert is coming to see *us* today.'

'OK, Where's Dad?'

'I've just taken *him* to the station.'

'Is he working today?'

'Of course. He hasn't got school holidays. Now go and get Helen up. Tell *her* to hurry and to bring *me* her dirty washing.'

French, like English, would be unnatural – in fact almost unworkable – without object pronouns. So, study this section carefully. French object pronouns are different in many ways from their English equivalents, both in their use and in their position in the sentence. So, work hard to understand and use them, and your French will improve dramatically.

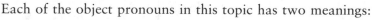

TOPIC 32

Elle m'aime un peu.... beaucoup..

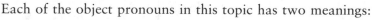

'me', 'you', 'us'

Each of the object pronouns in this topic has two meanings:

me	*me* or *to me*
te	*you* or *to you* (familiar singular)
nous	*us* or *to us*
vous	*you* or *to you* (polite singular / plural)

Me and **te** become **m'** and **t'** before a verb beginning with a vowel.

– Tu m'attendras? 'Will you wait for me?'
– Oui, je t'attendrai devant le cinéma. 'Yes, I'll wait for you outside the cinema.'

– Elle vous a écrit? 'Did she write to you?'
– Oui, elle nous a écrit en juin. 'Yes, she wrote to us in June.'

Object pronouns nearly always come *before* the verb as the examples show (except see ! below).

Look at these examples and note the agreement:

Il nous a vus! *He's seen us!*
Elle vous a trouvés! *She found you!*

When object pronouns are used with the perfect tense or any other two-bit tense they affect the ending of the past participle only when they mean *me, you, us* – not when they mean *to me, to you* or *to us*. **Ecrit** in the example above has no **s** added.

! If an order is given to do something, object pronouns come *after* the verb, and **me** becomes **moi**. They are joined to the verb by a hyphen. If an order is given *not* to do something (negative imperative) the object pronouns come before the verb, as usual.

Envoie-moi une carte postale. *Send me a postcard.*
Ne m'envoie pas de carte postale. *Don't send me a postcard.*

Aidez-nous, s'il vous plaît! *Help us please!*
Alors, ne nous aidez pas. *All right, don't help us.*

Parle-moi, Marianne. *Speak to me, Marianne.*
Ne me parle pas, Marianne. *Don't speak to me, Marianne.*

NOW TURN TO TASK 32

'him', 'her', 'it', 'them'

The words for *the* in French, **le, la, l'** and **les**, also have another function: as object pronouns.

le *him* or *it* (masc.)

la *her* or *it* (fem.)

l' *him*, *her* or *it* (**l'** is used before a verb beginning with a vowel or silent **h**)

les *them* (things or people)

Je le vois.	*I (can) see him (or it).*
Il ne la connaît pas.	*He doesn't know her.*
Je l'aime bien.	*I like him (or her or it).*
Vous les entendez?	*Can you hear them?*

Où sont mes jolies fleurs?

Paul les a mangées

They come before the verb. In a two-bit tense, like the perfect tense, they come before the first bit.

– Tu as trouvé ton frère?	*'Have you found your brother?'*
– Non, je ne l'ai pas trouvé.	*'No, I haven't found him.'*
– Tu as trouvé ta sœur alors?	*'Have you found your sister then?'*
– Oui, je l'ai trouvée au jardin.	*'Yes, I found her in the garden.'*

In the second example you can see that **l'** affects the ending of the past participle because it means *her*. The same thing happens if the **l'** refers to a feminine *thing*.

– Tu as vu ma chemise?	*'Have you seen my shirt?'*
– Oui, je l'ai vue dans ta chambre.	*'Yes, I saw it in your bedroom.'*

Les also affects the ending of the past participle. An **-s** is added if **les** refers to masculine nouns, **-es** if **les** refers to feminine nouns.

– Tu as vu mes livres?	*'Have you seen my books?'*
– Oui, je les ai vus au salon.	*'Yes, I saw them in the lounge.'*
– Tu as vu mes chaussures?	*'Have you seen my shoes?'*
– Non, je ne les ai pas vues.	*'No, I haven't seen them.'*

When **les** refers to a mixture of masculine and feminine nouns add **-s**.

– Jean et Marie, tu les as vus?	*'Have you seen Jean and Marie?'*
– Oui, je les ai vus.	*'Yes, I've seen them.'*

[!] When the imperative is being used, the word order is different. If an order is being given to do something, the object pronoun comes after the verb and is joined to it by a hyphen.

Achetez-le. *Buy it.*

Prenez-les. *Take them.*

But:

Ne l'achetez pas.	*Don't buy it.*
Ne les prenez pas.	*Don't take them.*

NOW TURN TO TASK 33

'to him', 'to her', 'to them'

Tu lui enverras une carte?

Je lui ai parlé.   *I spoke to him (or to her).*
Il leur a écrit.   *He wrote to them.*

So **lui** means either *to him* or *to her* and **leur** means *to them*.

Certain French verbs take these pronouns, although the equivalent verb in English does not. You always telephone, ask and tell *to* people in French.

Je lui ai téléphoné ce soir.   *I phoned him this evening.*
Il leur a demandé de payer.   *He asked them to pay.*
Je lui ai dit la vérité.   *I told him the truth.*

In English you can say either *I gave the money to him* or *I gave him the money*. Both mean the same. But in French you must always be careful to say **lui/leur** (*to him / to them*). The same applies to **prêter**, **montrer**, and **envoyer**.

Je lui ai donné l'argent.   *I gave him the money.*
Il leur prête la voiture.   *He lends them the car.*
Je vais lui montrer mes photos.   *I'm going to show her my photos.*
Tu lui enverras une carte?   *Will you send him a card?*

|!| In the perfect tense, **lui** and **leur** do not affect the ending of the past participle.

NOW TURN TO TASK 34

y *and* en

Y and **en** are not personal pronouns like the others in this section. They are not used to refer directly to people. **Y** means *there* and **en** means *some, any, of it* or *of them*. Like the other object pronouns, they come before the verb in all forms except the imperative. Then they come after.

– Tu vas en ville?	*'Are you going into town?'*
– Oui, j'y vais maintenant.	*'Yes, I'm going there now.'*
– On y va?	*'Shall we go?'*
– Tu as des sœurs?	*'Have you any sisters?'*
– Oui, j'en ai deux.	*'Yes, I have two (of them).'*
– Il y a du vin?	*'Is there any wine?'*
– Ah non, il n'y en a pas.	*'Oh no, there isn't any.'*
– Tu veux des chips? Prends-en! Vas-y! Sers-toi!	*'Do you want some crisps? Take some! Go on! Help yourself!'*

! **Y** and **en** do not affect the ending of the past participle:

– Tu as acheté des légumes?	*'Have you bought any vegetables?'*
– Oui, j'en ai acheté.	*'Yes, I've bought some.'*
– Vous êtes allé à l'église?	*'Have you been to the church?'*
– Oui, j'y suis allé ce matin.	*'Yes, I went there this morning.'*

Tu es allé à l'église?

Oui j'y suis allé ce matin

NOW TURN TO TASK 35

Combinations

Quite often, two object pronouns occur together in the same sentence. If you want to say, in French, *I have sent them to her*, you have *them* (**les**) and *to her* (**lui**) to fit in. They both go before the verb, like this:

Je les lui ai envoyés.

Here is a table showing the order of object pronouns. You never have two from the same column.

1	2	3	4	5
me (m') te (t') nous vous	le la l' les	lui leur	y	en

- Columns 1 and 2 can combine.
- So can 2 and 3.
- **Y** and **en** can combine with any other column.
- **Y** and **en** do not occur together except with **il y a.**
  Il y en a cinq.   *There are five (of them).*

	1	2	3	4	5		
Je	vous	le				prêterai.	*I'll lend it to you.*
Vous		la	leur			vendez?	*Are you selling it to them?*
Il	nous				en	donne.	*He gives us some.*
Tu peux	m'			y		emmener?	*Can you take me there?*

[!] With the positive imperative, the object pronouns come after the verb in the order shown in the table below and are joined to the verbs and to each other by hyphens.

1	2	3
le la les	moi (m') nous lui leur	y en

Donnez-les-moi.   *Give them to me.*
Donnez-m'en trois.   *Give me three (of them).*
Montrez-le-leur.   *Show it to them.*
Envoie-les-nous.   *Send us them.*
Donnez-lui-en.   *Give him some.*

In the negative imperative – if you are asking someone *not* to do something – the object pronouns go before the verb in the order shown in the first table, and without hyphens.

Ne me les donnez pas.   *Don't give me them.*
Ne m'en donnez pas.   *Don't give me any.*
Ne le leur montrez pas.   *Don't show it to them.*
Ne nous les envoie pas.   *Don't send them to us.*
Ne lui en donnez pas.   *Don't give him any.*

NOW TURN TO TASK 36

SECTION SIX

The subjunctive

TOPIC 37

The subjunctive is not a tense, it is a form of the verb which must be used in certain circumstances, with its own system of tenses. The present subjunctive is by far the most frequently used tense. Here is how it is formed.

● For regular verbs, take the **ils** part of the present tense, remove **-ent** and add these endings: **-e**, **-es**, **-e**, **-ions**, **-iez**, **-ent**.

Notice that the first three and the last endings are the same as those used in the present tense of **-er** verbs, and that the **nous** and **vous** forms are absolutely identical to the imperfect.

With **-er** verbs, then, only the **nous** and **vous** parts are different from the present tense.

trouver
je trouve	nous trouvions
tu trouves	vous trouviez
il/elle/on trouve	ils/elles trouvent

But **-ir** and **-re** verbs show quite a change in all except the **ils/elles** forms of the verb.

finir
je finisse	nous finissions
tu finisses	vous finissiez
il/elle/on finisse	ils/elles finissent

attendre
j' attende	nous attendions
tu attendes	vous attendiez
il/elle/on attende	ils/elles attendent

- A great many irregular verbs form their subjunctive in the same way as the regular ones.

dire	je dise	nous disions
	tu dises	vous disiez
	il/elle/on dise	ils/elles disent

sortir	je sorte	nous sortions
	tu sortes	vous sortiez
	il/elle/on sorte	ils/elles sortent

- Most irregular verbs build on the **ils** part of their present tense. But be careful if the **ils** part has a different stem to the **nous** and **vous** parts of the present tense.

boire	ils boivent	→je boive, tu boives, il/elle/on boive, ils/elles boivent
	nous buvons	→nous buvions, vous buviez

prendre	ils prennent	→je prenne, tu prennes, il/elle/on prenne, ils/elles prennent
	nous prenons	→nous prenions, vous preniez

venir	ils viennent	→je vienne, tu viennes, il/elle/on vienne, ils/elles viennent
	nous venons	→nous venions, vous veniez

acheter	ils achètent	→j'achète, tu achètes, il/elle/on achète, ils/elles achètent
	nous achetons	→nous achetions, vous achetiez

appeler	ils appellent	→j'appelle, tu appelles, il/elle/on appelle, ils/elles appellent
	nous appelons	→nous appelions, vous appeliez

envoyer	ils envoient	→j'envoie, tu envoies, il/elle/on envoie, ils/elles envoient
	nous envoyons	→nous envoyions, vous envoyiez

- Some verbs have very irregular subjunctives.

avoir		être	
j'aie	nous ayons	je sois	nous soyons
tu aies	vous ayez	tu sois	vous soyez
il ait	ils aient	il soit	ils soient
elle ait	elles aient	elle soit	elles soient
on ait		on soit	

aller

j'aille	nous allions
tu ailles	vous alliez
il aille	ils aillent
elle aille	elles aillent
on aille	

faire

je fasse	nous fassions
tu fasses	vous fassiez
il fasse	ils fassent
elle fasse	elles fassent
on fasse	

pouvoir

je puisse	nous puissions
tu puisses	vous puissiez
il puisse	ils puissent
elle puisse	elles puissent
on puisse	

savoir

je sache	nous sachions
tu saches	vous sachiez
il sache	ils sachent
elle sache	elles sachent
on sache	

vouloir

je veuille	nous voulions
tu veuilles	vous vouliez
il veuille	ils veuillent
elle veuille	elles veuillent
on veuille	

- Apart from **avoir, être, faire, pouvoir** and **savoir**, the **nous** and **vous** parts of the present subjunctive of irregular verbs are identical to the **nous** and **vous** parts of the imperfect.

- The imperative of **avoir** and **être** is identical to their **tu, nous** and **vous** parts of the present subjunctive (see also Topic 16).

Sois prudent!	*Be careful!*
N'ayez pas peur!	*Don't be afraid!*

The subjunctive hardly exists in English. 'God *save* the Queen' is a subjunctive, so is 'May God *bless* her and all who sail in her' but they are hardly common usage. It is more commonly used in France.

If it is any comfort, French people, too, often have problems with the subjunctive, and it is less widely used than it was, particularly among young people, much to the disapproval of those who see the subjunctive as a distinctive and vital part of a beautiful language.

However, there is a wide range of constructions, mostly involving **que**, with which you must use the subjunctive. Here are examples of the most important of them.

- After **bien que / quoique** (although), **pour que** (so that), **avant que** (before), **à moins que** (unless), **pourvu que** (provided that).

Bien qu'il soit assez riche, il ne veut jamais rien dépenser.	*Although he's quite rich, he never wants to spend anything.*
A moins que tu ne puisses venir avant midi, laisse tomber.	*Unless you can come before twelve, just leave it.*

(Note the **ne** with **à moins que**: this is not translated in English but must be put in in French.)

- After **il faut que** and **vouloir que**.

Il faut que je parte maintenant.	*I must go now.*
Que veux-tu que je fasse?	*What do you want me to do?*

- After **penser que** and **croire que,** but only in questions and in the negative.

Je ne pense pas que ce soit la vraie raison.	*I don't think that's the real reason.*
Vous croyez qu'il sache la vérité?	*Do you think he knows the truth?*

- After **regretter que** and **avoir peur que**.

Attention! J'ai peur que tu ne tombes.	*Be careful! I'm afraid you might fall.*
(Note the **ne** again.)	
Je regrette qu'il soit absent aujourd'hui.	*I'm sorry, he's away today.*

- After **il semble que** (but not **il me semble que**), **il se peut que** (it might), **il est possible que, attendre que** (to wait until).

Il semble que nous allions repartir le 16 août.	*It seems that we're leaving again on 16th August.*
Prends ton imper. Il se peut qu'il pleuve.	*Take your mac. It might rain.*
J'attends qu'il revienne.	*I'm waiting till he comes back.*
Il est possible qu'elle ait déjà payé.	*She may have paid already.*

Note the *perfect* subjunctive in the last example. It is formed by putting **avoir** or **être** in the present subjunctive, plus the past participle, and is used when what someone *has* done follows a subjunctive trigger such as **il est possible que** . . .

Elle a déjà payé. →Il est possible qu'elle ait déjà payé.

Elle est partie. →Il est possible qu'elle soit partie.

C'est la plus grande maison que j'aie jamais vue

There are also examples of the perfect subjunctive in the next section below. **J'aie** sounds the same as **j'ai**, but the other parts all sound very different from the ordinary present tense of **avoir** and **être**.

- After superlatives – *biggest*, *best*, etc.

C'est le roman le plus intéressant que j'aie jamais lu.	*It's the most interesting novel I've ever read.*
C'est la plus grande maison que j'aie jamais vue.	*It's the biggest house I've ever seen.*

(Note the agreement on the past participle.)

A mon avis, la Jaguar est la meilleure auto qu'on puisse acheter.	*In my opinion, the Jaguar is the best car you can buy.*

- After **que** meaning *whether*.

Que ce soit vrai ou non . . .	*Whether it's true or not . . .*

There is much more to the subjunctive than is contained in this book. An advanced course book will give you much more information but, really, wide experience of French is needed to develop a feel for the subjunctive.

NOW TURN TO TASK 37

SECTION SEVEN **Other topics and problems**

──────── TOPIC 38 ────────

Pinpointing problems

- Many French verbs give English-speaking learners trouble because they operate a bit differently from the English equivalents.

|!| With the following verbs don't be tempted to put in **pour** or **à**. The French doesn't need it.

Il cherche la clef.	*He's looking <u>for</u> the key.*
Elle attendait le train.	*She was waiting <u>for</u> the train.*
J'ai payé les billets.	*I've paid <u>for</u> the tickets.*
On vous demande.	*Someone's asking <u>for</u> you.*
J'écoute mes disques.	*I'm listening <u>to</u> my records.*
Ils vont regarder l'horaire.	*They're going to look <u>at</u> the timetable.*

<table>
<tr><td>!</td><td colspan="2">These French verbs need dans or de if the sentence 'continues past the verb'.</td></tr>
</table>

Il est entré.	*He went in.*
Il est entré **dans** la maison.	*He went into the house.*
Elle est montée.	*She got in.*
Elle est montée **dans** le taxi.	*She got into the taxi.*
Je suis parti.	*I left.*
Je suis parti **de** la maison.	*I left the house.*
Nous sommes sortis.	*We went out.*
Nous sommes sortis **de** la cuisine.	*We went out of the kitchen.*
Ils sont descendus.	*They got off.*
Ils sont descendus **de** l'autocar.	*They got off the bus.*

● Some English verbs have several French equivalents. For example, the verb 'to leave': in French you have **laisser**, **quitter**, **partir** (de), **sortir** (de).

Here's how to use them:

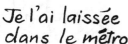

1 Use **laisser** for expressing 'to leave' in the sense of 'leaving something or somebody (behind)'. For example, if you were in the lost property office you might want to say:

Je l'ai laissé dans le métro.	*I left it behind on the metro.*

2 Use **quitter** in the sense of 'to quit a place, a person or a job situation':

Je quitte la maison à 8h du matin.	*I leave home at 8 am.*
Elle a quitté son mari.	*She has left her husband.*
Elle a quitté son emploi.	*She's left her job.*

<table><tr><td>!</td><td>Notice that quitter must have an object.</td></tr></table>

3 Use **partir** (de) for leaving a place in the sense of 'departing':

Je suis parti du cinéma avec Sylvie.	*I left the cinema with Sylvie.*

<table><tr><td>!</td><td>Notice that, unlike quitter, partir can stand alone:</td></tr></table>

Elle est partie.	*She's left/gone.*

4 Use **sortir** to mean 'leave' in the sense of 'coming out of somewhere':

Quand je suis sorti de la banque, il pleuvait.	*When I left the bank, it was raining.*

Je vais apporter ma guitare

● The French use different verbs for *bringing* and *taking* depending on whether they are talking about things or people.

1 The verb **mener** – to 'lead' or 'guide', forms the basis of a group of verbs connected with the bringing and taking of *people* and *animals*:

J'ai emmené papa à la gare.	*I took Dad to the station.*
J'ai amené Robert. Il veut te voir.	*I've brought Robert. He wants to see you.*
J'ai ramené maman du supermarché.	*I've brought Mum back from the supermarket.*

2 On the other hand, use **porter** and verbs based on **porter** (**apporter**, **rapporter**, **emporter**) when you are talking about bringing and taking *things*.

Je vais apporter ma guitare.	*I'll bring my guitar.*
Tu rapporteras du vin?	*Will you bring back some wine?*
Il a emporté toutes mes affaires.	*He has taken away all my belongings.*

● The French equivalent of *is* and *was* can be quite varied.

Il est fatigué.	*He is tired.*
. . . était . . .	*. . . was . . .*
Il a froid.	*He is cold.*
. . . avait . . .	*. . . was . . .*
	(see Topic 7 for other examples)
Il fait chaud.	*It's hot.*
. . . faisait . . .	*. . . was . . .*
	(see Topic 7 for other examples)
Il y a beaucoup de monde.	*There are a lot of people.*
. . . avait . . .	*. . . were . . .*

|!| Finally, look at these examples:

J'ai pris le livre **sur** la table.	*I took the book off the table.*
J'ai pris la nappe **dans** le tiroir.	*I took the tablecloth out of the drawer.*

J'ai acheté	le stylo à	*I bought*	*the pen from*
J'ai emprunté	Mireille.	*I borrowed*	*Mireille.*
J'ai volé		*I stole*	

NOW TURN TO TASK 38

The infinitive

Je ne sais
pas nager

English infinitives consist of two words. *To be, to go, to eat, to drink* are infinitives. In French the infinitive is a single word, ending in **-er, -ir** or **-re**. **Parler, sortir, boire** are examples.

In both languages the infinitive is the form of the verb you will be given if you look it up in a dictionary, but it is also used in speaking and writing.

Je veux **rester** ici.   *I want to stay here.*

In French, as in English, the infinitive often comes straight after another verb. But sometimes a connecting **à** or **de** is required.

● Here are some of the more important verbs which can be followed directly by an infinitive without a 'connecting word'.

aller	Je vais écouter mes disques.	*I'm going to listen to my records.*
vouloir	Tu veux partir maintenant?	*Do you want to go now?*
devoir	On doit payer ici.	*We must pay here.*
savoir	Je ne sais pas nager.	*I can't swim.*
pouvoir	Vous pouvez entrer.	*You can go in.*
venir	Viens voir ceci!	*Come and see this!*
faillir	Elle a failli tomber.	*She nearly fell.*
voir	Je l'ai vu arriver.	*I saw him arrive.*
entendre	Je l'ai entendu entrer.	*I heard him come in.*
espérer	J'espère aller à Nice.	*I hope to go to Nice.*
aimer	Tu aimes danser?	*Do you like dancing?*
préférer	Nous préférons sortir.	*We prefer to go out.*
falloir	If faut rentrer.	*We must go home.*
valoir	Il vaut mieux partir.	*It's better to leave.*

● Some need **à** before the infinitive.

commencer	Elle a commencé à courir.	*She began to run.*
apprendre	Ils apprennent à nager.	*They're learning to swim.*
aider	Je l'ai aidée à entrer.	*I helped her to get in.*
réussir	Elle a réussi à le trouver.	*She managed to find him.*
continuer	Ils ont continué à danser.	*They carried on dancing.*
inviter	Je l'ai invité à venir.	*I invited him to come.*

- Some need **de**.

décider	Ils ont décidé de manger.	*They decided to eat.*
essayer	J'ai essayé de téléphoner.	*I tried to telephone.*
finir	Tu as fini de travailler?	*Have you finished working?*
oublier	Nous avons oublié de payer.	*We forgot to pay.*
avoir peur	J'ai peur d'entrer.	*I'm afraid to go in.*
refuser	Elle refuse de me parler.	*She refuses to speak to me.*
dire	Je lui ai dit de partir.	*I told him to leave.*
demander	Il m'a demandé d'expliquer.	*He asked me to explain.*
permettre	Tu lui permets de sortir seul?	*Do you let him go out alone?*

Nous avons oublié de payer

- As well as following **à** and **de** the infinitive also follows **pour**, **sans** and **par**.

Pardon, pour aller à la mairie, s'il vous plaît?	*How do I get to the town hall, please?*
Sans hésiter, il a plongé dans l'eau.	*Without hesitating he dived into the water.*
Elle a commencé par rire mais elle a fini par pleurer.	*She began by laughing but ended up crying.*

- When object pronouns occur in sentences containing an infinitive they come before the verb they actually 'belong to' – usually the infinitive.

Je veux **la voir**.	*I want to see her.*
Elle essaiera de **le trouver**.	*She'll try to find him.*
Ils vont aller **les voir**.	*They're going to go and see them.*
Je **l'ai invitée** à venir.	*I invited her to come.*

- Nouns and adjectives can also use **à** and **de** to link with infinitives.

Nous sommes prêts à partir.	*We're ready to leave.*
Elle est la première à arriver.	*She's the first to arrive.*
Il est le dernier à partir.	*He's the last to leave.*
Je suis content de vous revoir.	*I'm pleased to see you.*
Il sera obligé de revenir.	*He'll be forced to come back.*
J'ai l'honneur de présenter . . .	*It's my privilege to present . . .*

- The infinitive is also needed when we talk about 'before' and 'after':

Avant de manger, il faut te laver les mains.	*Before eating (or you eat) you must wash your hands.*
Avant de sortir, je ferai la vaisselle.	*Before going out (or I go out) I'll wash the dishes.*

As these examples show, 'before . . .ing' is expressed by **avant de** and an infinitive.

'After . . .ing' is different, taking a perfect infinitive instead of a present infinitive.

> Après avoir mangé, on a regardé la télé.
>
> *After eating, we watched TV.*
>
> Après être descendu(e) pour déjeuner, je suis remonté à ma chambre.
>
> *After coming downstairs for lunch, I went back up to my room.*
>
> Après s'être reposée, Sophie a pris une douche.
>
> *After resting, Sophie had a shower.*

Verbs which take **être** in the perfect tense also take **être** in this construction.

! Note that in each example the subject of the main part of the sentence is also the subject of the **après avoir** construction. It is 'Sophie' who has rested, it is 'I' who came downstairs and it was 'we' who had eaten. It would be wrong to use **après avoir** . . . to translate a sentence such as 'After they had eaten, he went off to watch TV'.

NOW TURN TO TASK 39

TOPIC 40
The present participle

Going, being, seeing, talking are English present participles. To form the French present participle take the **nous** form of the present tense, remove the **-ons** and replace it by **-ant**:

> nous finissons → finissant   *finishing*
>
> nous prenons → prenant   *taking*

This works for all French verbs except the three below, which have irregular present participles:

> être → étant   *being*
>
> avoir → ayant   *having*
>
> savoir → sachant   *knowing*

The French equivalent of *-ing* is **-ant**.

● However, English words ending in *-ing* are often not translated by a French present participle:

> *He is/was looking for his ball.*

In this case the French just use the present and imperfect tenses of **chercher**:

> **il cherche/cherchait son ballon.**

Other ways of expressing *-ing* words in French are the infinitive:

Je le vois venir.   *I can see him coming.*

or **qui** + present/imperfect:

Le voilà qui arrive.   *There he is, arriving now.*

Je l'ai vu qui montait dans le   *I saw him getting on the bus.*
bus.

● So, when should you use the French present participle?

1   In the structure **en . . . -ant**. This has a variety of meanings in English.

En rentrant des magasins, j'ai   <u>While</u> *(I was) coming back*
trouvé un portefeuille.   *from the shops, I found a*
     wallet.

En faisant ceci tu nous aideras   <u>By</u> *doing this you'll help us ɑll.*
tous.

En trouvant la porte fermée à   <u>On</u> *finding the door locked he*
clef, il s'en alla.   *went away.*

Il gagna sa fortune en   *He earned his fortune* <u>through</u>
travaillant jour et nuit.   *working day and night.*

In French, **en** is the only preposition which can be used with the present participle.

| ! | Notice the English equivalent of this type of sentence:

Il est sorti de la maison en   *He ran out of the house.*
courant.

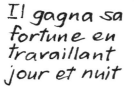

Il gagna sa fortune en travaillant jour et nuit

2   As an adjective. This is the most common use of the present participle in everyday French. When used as an adjective, the present participle must agree with the thing or person it is describing:

C'est une pièce amusante.   *It's an amusing play.*
La 2cv a un toit ouvrant.   *The 2cv has a folding*
     (opening) roof.

NOW TURN TO TASK 40

TOPIC 41
Negations

Negations or negative statements are used to deny or contradict something. The most common negation in English is *not*.

You're not coming with us.

It's not true.

My pen doesn't work.

But there are other ways of denying or contradicting:

I *never* go into pubs.

He *doesn't* like *anybody*.

He owes us *nothing*.

In French, most negations involve two words – **ne** and one other. Here is a list of the most common. The first six are especially important.

ne . . . pas	*not*
ne . . . jamais	*never/not ever*
ne . . . rien	*nothing/not anything*
ne . . . personne	*nobody/not anybody*
ne . . . plus	*no more*
ne . . . que	*only*
ne . . . ni . . . ni	*neither . . . nor/not either . . . or*
ne . . . guère	*hardly*
ne . . . point	*not at all*

● **Ne** comes before the verb and before any object pronouns if there are any, the second part comes after the verb.

Je ne vais jamais au pub.	*I never go to the pub.*
Il n'aime personne.	*He doesn't like anybody.*
Il ne nous doit rien.	*He doesn't owe us anything.*

● **Ne . . . que** is not a true negative, and *only* can also be expressed by **seulement**.

Il n'y a que trois maisons.	*There are only three houses.*
Il y a seulement trois maisons.	

● If the perfect tense or another two-bit tense is being used, most negations go around the **avoir** or **être** part of the verb.

Je n'ai jamais vu un renard.	*I've never seen a fox.*
Elle n'a rien apporté.	*She hasn't brought anything.*
Je ne suis jamais allé en France.	*I've never been to France.*

● But three negations have the second word *after* the past participle.

Il n'a vu personne.	*He hasn't seen anybody.*
Je n'ai payé que 12 francs.	*I only paid 12 francs.*
Je n'ai vu ni Jean ni Yvette.	*I haven't seen either Jean or Yvette.*

● Here are examples of negations starting the sentence:

Personne ne sait la vérité.	*Nobody knows the truth.*
Rien n'est arrivé.	*Nothing happened.*

● The second word of some negations can be used alone.

– Tu as visité l'Allemagne?	*'Have you been to Germany?'*
– Jamais.	*'Never.'*
– Qu'est-ce que vous avez acheté?	*'What have you bought?'*
– Rien.	*'Nothing.'*

| – Qui est là? | 'Who's there?' |
| – Personne. | 'Nobody.' |

● Occasionally, negations combine.

Il n'y a plus rien.	There's nothing more (left).
Je n'y vais plus jamais.	I never go there any more.
Il n'y a plus personne.	There's nobody here any more.
Elle ne fait jamais rien.	She never does anything.
Je n'ai rien que ce vieux manteau.	I've got nothing but this old coat.

The order of negations is:

1	2	3	4
plus	jamais	rien	que
		personne	

● If an infinitive is made negative, both parts of the negation go together before the infinitive.

| Je lui ai dit de ne pas venir. | I've told him not to come. |
| Il m'a demandé de ne rien dire. | He's asked me not to say anything. |

NOW TURN TO TASK 41

Using French

Finally, let us try to put your knowledge into perspective and give you a word of warning as well as encouragement on how to *use* your knowledge.

This book has tried to impose order on what is essentially random. To make your learning easier to cope with, the information has been put into boxes – 41 of them – but in real life, of course, language does not come at you in neat packages. A single utterance by a French person might contain elements from half a dozen of these topics and some from none of them. Only constant use and practice gives you the flexibility and confidence to range through a foreign language in the same way that you can through your own.

Language comes at you in many forms. The written language has dozens of different applications – notices, signs, newspapers, magazines, novels, comics, brochures, instructions, timetables, advertisements and so on. But, mostly, language comes at you in its wide variety of spoken forms – radio, TV, records, education and face-to-face contacts of all sorts.

Think also about how we use English. Do we all speak correctly like newscasters with every word clearly pronounced? Or do we take short-cuts, make mistakes, use slang, invent terms and talk in different accents in different parts of the country? Of course we do, and the French are no different. Here are just a few examples of French usage involving short-cuts, used particularly by the young.

T'es fatigué? T'as faim?

(The **u** of **tu** often disappears before a vowel.)

Y a des chips?

(The **il** of **il y a** often disappears.)

Je vais pas en disco – j'ai pas d'argent.

(The **ne** is often left out of negations.)

Ché pas = je ne sais pas.

Où tu vas? Tu vas où? Quelle heure il est?

(The correct question form after a question word like **où**, **quelle**,

quand – i.e. turning round or using **est-ce que** – is often ignored.)

Bad habits like these are very quickly picked up if you spend time in France!

Assuming that you have a good knowledge of the ground covered in this book, what can you do with it? In terms of the exams, quite a lot. Certainly you should have nothing to fear in the oral and written parts of the exam and your knowledge will be helpful in the comprehension papers, particularly the reading. But life does not stop when exams are over. Learning another language is primarily a *life* skill.

Task 1

A Qu'est-ce qui se passe?

Using **il/elle** or **ils/elles**, say what the following are doing. Use the correct parts of **traverser, arriver, écouter, regarder, jouer** (2), **laver, danser.**

B   Full house?

Say what everyone is doing in this drawing and where.
Example: Papa travaille dans le cabinet de travail.
Use the correct parts of **réparer, préparer, regarder, travailler, chercher, jouer, téléphoner, écouter** (2).

1 le grenier
2 la salle de bains
3 la chambre
4 la chambre
5 le cabinet de travail
6 la cuisine
7 la salle à manger
8 le vestibule
9 le salon
10 le garage

C Finish these sentences. Look back to the list in Topic 1 if you are stuck.

1 Le soir, j'é_____ mes cassettes ou la radio.
2 Je p_____ souvent mes vacances chez ma tante.
3 Le dimanche je l_____ la voiture.
4 Je j_____ de la guitare, mais pas très bien.
5 Je q_____ la maison vers 7h 15.
6 J'a_____ la géo mais je d_____ la chimie.
7 Le samedi j'a_____ maman à faire le ménage.
8 Je p_____ assez bien le français.

D

Bonjour! Je suis Susan. J'habite à Haydon Bridge dans le nord de l'Angleterre, avec mon père, ma mère, ma sœur Tina et mon frère Andrew. Ma mère travaille dans une banque. Mon père travaille à Newcastle. Il est fonctionnaire.

Au collège j'étudie les maths, la physique, la biologie, la géo, l'histoire, l'anglais, le français et le dessin. Comme sports je joue au hockey en hiver at au tennis en été.

A notre collège les cours commencent à 9h 15 et terminent à 3h 45. Un cours dure 35 minutes mais une leçon double c'est 70 minutes.

J'aime bien l'école – surtout le sport et le français – mais je n'aime pas les maths.

NOW **describe yourself**

TON PROFIL

Tu habites où?
Avec qui?
Où travaille ton père?
Et ta mère?
Tu étudies quelles matières?
Tu pratiques quels sports?
A quelle heure commencent les cours?
A quelle heure ils terminent?
Un cours dure combien de temps?
Tu aimes l'école?
Quelles matières aimes-tu?
Et quelles matières est-ce que tu détestes?

E **Présentation: je me présente**

Imitating Susan's style but using your own details, give a **présentation** to introduce yourself. It can be written and/or spoken. If you say it, try to do it without anything written in front of you.

Future **présentations** can be done in the same ways.

Task 2

A The verbs have been left out of these sentences. Put them in, in the right place.

1 J' mes provisions au supermarché.
2 J' aller à l'université dans deux ans.
3 Nous à la cantine généralement.
4 En semaine je me à 6h 45.
5 Je n'aime pas tellement le vin, je la bière.
6 Nous les cours à 9h 15.
7 J' toujours une carte de Noël à mon prof de français.
8 Je m' Alain Castex.

B TON PROFIL

A quelle heure tu te lèves en semaine? Et le weekend?
Où est-ce que tu achètes tes vêtements?
Tu préfères la viande ou le poisson?
Tu espères aller à l'université?
Tu envoies combien de cartes de Noël?
Tu te promènes le weekend? Où?

Task 3

A A word is missing from each of these sentences although no gaps have been left. Rewrite them to include the missing word.

1 Je lève à 7h 30.
2 Je me dans la salle de bains.
3 Je me lève pas. Je suis malade.
4 Comment appelles-tu?
5 Elle couche à 11 heures.
6 Le train ne s'arrête ici.
7 Nous amusons au disco.
8 Je me brosse les deux fois par jour.
9 Vous ennuyez?
10 Qu'est-ce qui passe ici?

B Que font-ils?

Using **il/elle** or **ils/elles** say what the people opposite are doing.

C Ma routine matinale

En semaine je me réveille à sept heures et demie quand mon réveil sonne, et, généralement, je me lève tout de suite pour entrer la première dans la salle de bains. Là, je me lave, puis je rentre dans ma chambre où je m'habille et rassemble mes affaires. Je déjeune à la cuisine avec maman. Je mange normalement un bol de céréale, et une orange pour la vitamine C. Quelquefois je regarde un peu la télé mais pas souvent. Finalement je me brosse les dents et je quitte la maison à 8h 20 pour aller à l'école à pied.

Le weekend je me lève beaucoup plus tard – vers les dix heures. Le samedi je me repose. Le matin je regarde les émissions d'enfants à la télé. L'après-midi je vais souvent à Newcastle où je m'amuse à essayer des vêtements. Le dimanche je me promène et je fais mes devoirs.

TON PROFIL

A quelle heure est-ce que tu te réveilles normalement en semaine?
Et le weekend?
Quand tu te réveilles, tu te lèves tout de suite?
Tu te laves avant le petit déjeuner ou après?
Tu te brosses les dents avant le petit déjeuner ou après?
Tu t'habilles où?
Tu déjeunes où?
Qu'est-ce que tu manges normalement?
A quelle heure tu quittes la maison?
Tu te reposes un peu le weekend?

D Présentation: ma routine matinale

Task 4

A Complete these sentences with suitable verbs. They have been muddled up at the end of each sentence.

1 Vous _____! Vous êtes embarrassé? (zugorisse)
2 Nous _____ nos devoirs vers huit heures. (nniisssof)
3 Il est prudent. Il _____ longtemps avant de répondre à une question. (théeclirf)
4 Vous _____. Vous mangez trop de sucreries. (zessssigro)
5 Je _____ mes vêtements mais c'est mes parents qui paient. (hiissco)

B TON PROFIL

Tu finis les cours à quelle heure?
Et à quelle heure est-ce que tu finis tes devoirs?
Ce trimestre finit quand?
Qui choisit tes vêtements?

Task 5

Invent a caption for each of the cartoons on the opposite page from the selection below. To make a good caption you need a part from each column

Alors vous cueillez ces pommes	J'aime bien les Westerns.
Tante Amélie m'offre toujours	– nous ouvrons en août.
Pourquoi tu me couvres?	Alors, ouvrez!
Vous souffrez?	pour le propriétaire, non?
Il y a une erreur	un cadeau utile.

Task 6

-re verbs

Les enfants _____ déjeuner à huit heures.   (entdencsed)
Est-ce que vous _____ des cartes postales?   (dzveen)
Tu _____ toujours tes affaires!   (sredp)
Nous ne _____ pas à ses lettres.   (nsoérpdon)
J'_____ de la musique.   (tnnsdee)
Mon copain m'_____ devant le disco.   (tadnet)

REVISION

Finish these sentences – with true information wherever possible.
1   Nous commençons . . .
2   Mon père travaille . . .
3   Je joue . . .
4   Je déteste . . .
5   Le car s'arrête . . .
6   Nous nous amusons . . .
7   Ma mère n'aime pas . . .
8   Mon père se lève . . .
9   Les cours finissent . . .
10   Les vacances commencent . . .

Task 7

A This is a conversation in a school corridor between a teacher and two boys he has found wandering around in lesson time. Fill the gaps in the conversation with the correct parts of **avoir, être, aller, faire** or **dire**.

– Hé! Où _____ -vous, vous deux?

– Euh . . . Nous _____ aux toilettes, monsieur.

– Aux toilettes, vous _____? Et que _____ -vous ici à cette heure-ci? Vous _____ quelle leçon maintenant?

– Nous _____ l'anglais, mais nous _____ malades.

– Ah! Vous _____ malades! Voilà pourquoi vous _____ aux toilettes, je suppose.

– C'est ça, monsieur. Michel _____ mal à la tête et moi j'_____ mal au cœur.

– Alors, Michel, si tu _____ mal à la tête, tu n'_____ pas besoin de cigarettes. Et toi, Robert, si tu _____ vomir, donne-moi tes cigarettes aussi.

– Mais monsieur! Nous _____ la vérité!

– Plus d'histoires! Filez! Vous _____ retourner tout de suite à votre leçon d'anglais et moi je _____ tout dire au proviseur!

B J'ai ou je suis?

1 ____ Anglaise.
2 ____ 16 ans et ____ en seconde.
3 ____ fatigué et ____ faim.
4 ____ au jardin.
5 ____ marre de l'école.
6 ____ faim – ____ prêt à manger.
7 ____ froid aujourd'hui.
8 ____ besoin d'argent.
9 ____ occupé en ce moment.
10 ____ trop chaud au soleil.

C Vive les vacances!

Bonjour. Je suis Janet, la copine de Susan. J'habite à Bellingham à vingt kilomètres de Haydon Bridge. Je vais au collège en autocar tous les jours.

J'ai seize ans, comme Susan, et nous allons au même collège – Haydon Bridge High School. Nous sommes en 'Y11' (c'est comme la seconde dans un lycée français). Cette année est une année importante pour nous car nous faisons le GCSE – examen très important qu'on fait à 16 ans.

J'ai un frère, James, qui a douze ans. Je n'ai pas de sœurs. Nous avons beaucoup d'animaux à la maison – deux chats, un chien, un cobaye et des pigeons voyageurs.

Bon, je vous dis au revoir pour le moment mais vous allez me revoir de temps en temps.

TON PROFIL

Tu as des frères ou des sœurs?

Quel âge as-tu?

Ton père, quel âge a-t-il? Et ta mère?

Tu as des bêtes à la maison?

Tu es en quelle année?

Tu fais le GCSE? En quelles matières?

D Mon emploi du temps

	1	2	3	4	5	6	7	8
L	anglais	maths	géographie ⟶		histoire ⟶		éducation physique	
M	allemand ⟶		maths	anglais	biologie ⟶		physique	
M	français ⟶		musique	perme	anglais	maths	éducation physique	
J	histoire ⟶		maths	anglais	physique ⟶		biologie ⟶	
V	géographie ⟶		allemand ⟶		français ⟶		anglais	maths

A l'école je fais huit matières comme vous voyez sur mon emploi du temps. On étudie l'anglais et les maths tous les jours mais les autres matières sont des leçons doubles que nous avons deux fois par semaine. Comme langues vivantes j'étudie le français et l'allemand. J'étudie le français depuis six ans en tout mais l'allemand depuis deux ans seulement.

Ma journée préférée c'est mercredi parce qu'on a la musique, l'éducation physique et une leçon de perme – une leçon libre où nous lisons ou faisons nos devoirs. Je n'aime pas mardi car j'ai l'allemand que je trouve assez difficile et la biologie et la physique l'après-midi. Le mardi je rentre très fatiguée!

L'année prochaine j'espère continuer mes études. Je veux faire le français, l'allemand et l'anglais mais ça dépend des résultats des examens.

With a partner make up a question and answer session about the school timetable.

Examples: Quelles matières fais-tu?

Qu'est-ce que tu as troisième leçon lundi?

Tu aimes la biologie?

Que vas-tu faire l'année prochaine?

E Présentation: mon emploi du temps

Task 8

A Comment faites-vous le café?

Below are ten sentences to do with the making of a cup of coffee but they are not in order. Think about how you would set about it and put them right. There are several possible solutions. Turn it into a more continuous account by using **d'abord, puis, ensuite, finalement**.

Je remue avec la cuiller.
Je mets du lait dans la tasse.
Je bois le café.
J'allume la bouilloire.
Je mets du sucre.
Je prends le lait dans le frigo.
Je mets l'eau bouillante.
Je prends le pot de café.
Je mets du café.
Je prends une tasse et une cuiller.

B

Me voilà encore. Moi aussi, je vais parler de ma routine matinale. En semaine je me lève à sept heures. Nous prenons le petit déjeuner en famille à sept heures et quart. Moi je prends une pomme ou une banane et une tasse de café sans sucre et sans lait. Je suis au régime. Mes parents prennent du pain grillé avec du beurre et de la marmelade et mon frère – qui est vraiment gourmand – prend deux bols de céréale et trois ou quatre tranches de pain grillé avec beaucoup de beurre et de confiture. Et il reste toujours maigre comme un clou!

Après le petit déjeuner je fais ma toilette puis je mets mon uniforme scolaire. A huit heures moins vingt je me mets en route. Je vais au collège en car. Mon frère y va à pied, car il va toujours à l'école à Bellingham – le 'Middle School'.

A l'école, comme langues vivantes, j'apprends le français et l'allemand. Je comprends mieux le français que l'allemand mais je fais l'allemand depuis seulement deux ans.

TON PROFIL

Tu prends le petit déjeuner à quelle heure?
Qu'est-ce que tu prends?
Tu portes un uniforme scolaire?
C'est quoi exactement?
Qu'est-ce que tu mets quand il fait froid?
A quelle heure tu te mets en route pour l'école?
Tu prends le car pour aller à l'école?
Tu comprends bien le français?

C Présentation: mes repas

Task 9

A Savoir ou pouvoir?

1 Je ne _____ pas venir au bal.
2 Jean-Claude ne _____ pas nager.
3 Nous ne _____ pas sortir ce soir.
4 Ils _____ venir avec nous.
5 _____-vous monter à cheval?
6 Je _____ parler espagnol mais pas italien.
7 Tu _____ jouer au squash?
8 Mes frères ne _____ pas danser.
9 Il ne _____ pas payer – il n'a plus d'argent.
10 Nous _____ revenir plus tard si vous voulez.

B Make ten sentences (at least!) from these columns.

Je ne sais pas	acheter	au collège.
On ne peut pas	changer	ce soir.
Nous voulons	travailler dur	la musique?
Vous devez	écrire	au cinéma?
On doit	lire	au badminton.
Voulez-vous	me relaxer	une voiture neuve.
Je veux	venir	à Lyon.
Nous devons	faire	dans une ferme.
Est-ce que tu sais	fumer	avec moi?
Mon frère sait	jouer	à Tante Lucie.
Pouvez-vous	danser	de l'alpinisme.

Task 10

TON PROFIL

A quelle heure est-ce que tu pars de la maison le matin?
Tu sors le samedi soir? Où? A quelle heure? Avec qui?
Tu dors combien d'heures normalement?
A quelle heure est-ce qu'on sert le déjeuner au collège?
Ce soir, tu sors ou tu restes à la maison?

Task 11 A

The two halves of these sentences have been jumbled up. Write them out correctly.

1	Je viens	chez nous vers minuit.
2	L'agent se tient	de son anniversaire.
3	Madame Dufor tient	vraiment fâchée si je rentre tard.
4	Cette lettre contient	au collège en bus.
5	Nous revenons	un café, paraît-il.
6	Je ne me souviens jamais	toujours au coin.
7	Ma mère devient	à la main?
8	Que tenez-vous	tous les renseignements.

B Write out and complete these sentences with verb forms made from the anagrams.

1 Nous _____ en France tous les ans.   (nnevos)
2 Papa _____ de son travail à 6h 15.   (teniver)
3 Mes grandparents _____ nous voir le dimanche.   (tinnneev)
4 Je _____ voir Henri. Il est là?   (nives)

Task 12 A

1 Je (courir) pour prendre le train.
2 Nous (écrire) souvent.
3 Ils (lire) les journaux.
4 Elle (conduire) trop vite.
5 Tout le monde (rire).

B Mes parents

Je dois l'avouer – mes parents sont sympathiques. Nous nous entendons très bien dans l'ensemble car ils ne me traitent pas comme un enfant. Ils me permettent certaines choses et ils me défendent certaines choses et je sais bien ce que je peux faire et ce que je ne peux pas faire.

Par exemple, si je veux sortir le soir ils me le permettent mais je dois dire où je vais et avec qui. Si c'est une boum ou un disco qui finit tard, papa vient me chercher dans la voiture. Si je rentre seule je dois toujours rentrer avant onze heures mais j'accepte ça.

Ils ne me permettent pas de fumer mais ça m'est égal – j'ai essayé une fois et c'était dégoûtant. Ils me défendent aussi de monter derrière sur une moto, car les garçons conduisent trop vite et courent des risques. Ça aussi, c'est raisonnable.

Ce qui est important aussi c'est que mes parents ont le sens de l'humour. Nous rigolons beaucoup ensemble et ainsi nous vivons heureux.

TON PROFIL

Tes parents sont sympathiques?
Vous vous entendez bien?
Ils te traitent comme un adulte?
Qu'est-ce qu'ils te permettent?
Qu'est-ce qu'ils te défendent?
A quelle heure tu dois rentrer?
Ils ont le sens de l'humour?

Task 13 A

Complete the verbs in the first half of these sentences and find a suitable second half. There are several possible combinations.

1	On b_____	le maire de Lyon.
2	Je r_____	Jules tous les jours.
3	Mon père c_____	beaucoup de thé en Angleterre.
4	Nous v_____	beaucoup de cadeaux à Noël.
5	Je m_____	ton frère.
6	Elle r_____	la fille là-bas.
7	Nous b_____	beaucoup de courrier.
8	Ils r_____	les arbres là-bas?
9	Je ne c_____ pas	de faim.
10	Tu v_____	du vin à table.

B Questionnaire

Make questions to ask your partner from the columns below. There are several possible combinations. It is not necessary to use the first column for all of them.

Qu'est-ce que	tu bois	beaucoup de sport à la télé?
Combien est-ce que	tu connais	beaucoup de courrier?
Quand est-ce que	tu reçois	à Noël comme cadeaux, généralement?
	tu vois	Paris?
		au petit déjeuner?
		mes parents?
		du vin avec tes repas?
		tes grandparents?
		comme argent de poche?

Task 14 A

By choosing from the columns below you should be able to make a caption for each cartoon.

Il pleut	comme il faut	à la même table!
Quand il neige	il vaut mieux	à la terrasse!
A mon avis	tous les jours	Joséphine!
Il faut payer	beaucoup et souvent	partir maintenant!
Je m'assieds	– ils veulent	en Bretagne!
Bois ton lait	on ne s'assied pas	fermer!

B Use the correct part of **s'asseoir** to finish off these sentences.

1 Je m'_____ ici.
2 Elle s'_____ toujours au coin.
3 Nous nous _____ à la terrasse.
4 Où est-ce que vous vous _____?
5 Sylvie et Bruno s'_____ sur la pelouse.

Task 15 A Questionnaire

Make questions to ask your partner. Use some of your own too.
When answering remember this useful phrase:

depuis l'âge de . . . ans   *since I was . . . years old*

	tu apprends	la musique pop?
	tu habites	la biologie? (etc.)
	tu joues	ici?
	tu fais	un magnétophone?
Depuis quand est-ce-que	tu viens	à Croydon? (etc.)
	tu regardes	au tennis? (etc.)
	tu écoutes	la télé?
	tu es	le français?
	tu as	à cette école?

B How would you say that . . .

1 . . . you have just arrived?
2 . . . you have just seen Yvonne?
3 . . . you have just had a bath?
4 . . . you have just found a pen?
5 . . . you have just listened to your new record?
6 . . . you and your friend (**nous**) have just eaten?
7 . . . you and your friend have just heard the news (**les nouvelles**)?
8 . . . your parents have just come in?
9 . . . your sister has just finished her exams?
10 . . . your friend has just gone home?

Task 16 A

Some volunteers have stayed behind after a party to clear up. Give them things to do from the columns below.

1	Videz	le magnétophone.
2	Remettez	la nourriture à la cuisine.
3	Lavez	la nappe de la table.
4	Débranchez	la bouteille de whisky.
5	Enlevez	les verres.
6	Mettez	les cendriers.
7	Rangez	les meubles au salon.
8	Cachez	les cassettes dans le placard.

B Match up these mixed-up half-sentences.

1	N'aie pas peur	– je reviens dans dix minutes.
2	Sois sage	– il va faire froid.
3	Va chercher Raoul	– c'est du Camembert.
4	Mets ton manteau	– il va se refroidir.
5	Ecrivez à Bruno	– ou je t'envoie au lit.
6	Goûtez ce fromage	– ce n'est pas dangereux.
7	Bois ton café	– il attend une lettre de vous.
8	Attendez ici	– il est en retard.

Task 17

A How would you tell a friend to . . .

. . . get washed?   *Answer:* **lave-toi!**

1 . . . get up?
2 . . . sit down?
3 . . . not worry?
4 . . . shut up?
5 . . . move along?
6 . . . help himself/herself?
7 . . . hurry up?
8 . . . keep their temper?
9 . . . not sit there?
10 . . . not hurry?

B How would you tell a stranger to . . .

. . . stand up?   *Answer:* **levez-vous!**

1 . . . sit down?
2 . . . go away?
3 . . . not to worry?
4 . . . help himself/herself?
5 . . . enjoy himself/herself?
6 . . . calm down?
7 . . . not get up?
8 . . . rest a little?

C How would you say . . .

. . . let's hurry?   *Answer:* **dépêchons-nous!**

1 . . . let's sit down?
2 . . . let's rest a little?
3 . . . let's not hurry?
4 . . . let's get dressed?
5 . . . let's help ourselves?
6 . . . let's enjoy ourselves?
7 . . . let's not go for a walk today?
8 . . . let's hide?

Task 18 A

Write out this letter putting the verbs in brackets into the perfect tense.

> Chère Véronique,
>
> Désolée de ne pas avoir écrit plus tôt – je (avoir) la grippe. Voici enfin de mes nouvelles.
>
> Il y a quinze jours je (visiter) Londres avec l'école. Nous (quitter) Manchester à 5h 50! Heureusement que c'est assez vite – le trajet (durer) trois heures et dix minutes.
>
> Nous (passer) la matinée à faire des achats. Je (acheter) du parfum et un joli bracelet. On (déjeuner) dans un restaurant près de Piccadilly. C'était assez cher – je (dépenser) £8.50!
>
> L'après-midi on (regarder) le match de hockey entre l'Angleterre et le Pays de Galles. L'Angleterre (gagner), deux à zéro.
>
> Le soir nous (regarder) une pièce de théâtre, et après nous (manger) du poisson et des frites dans la rue.
>
> Je (trouver) le weekend très intéressant et je (décider) de passer un séjour plus long à Londres un jour. Et toi, tu (jamais visiter) Londres?
>
> Merci pour la carte postale de Nice. Ecris-moi bientôt.
>
> Cheryl

B Off on the wrong foot

Ce matin j'ai préparé le petit déjeuner pour ma sœur et moi. D'abord j'ai laissé tomber une bouteille de lait en la prenant dans le frigo. Eh bien, j'ai ramassé les morceaux de verre brisé et j'ai nettoyé le plancher mais j'ai oublié le grille-pain et j'ai laissé brûler les toasts. Finalement nous avons mangé un bol de céréale et nous avons quitté la maison à la hâte.

A l'école j'ai travaillé jusqu'à midi puis j'ai déjeuné à la cantine. En ouvrant mon porte-monnaie j'ai trouvé que quelqu'un avait volé mon argent. J'ai emprunté de l'argent à Janet et j'ai mangé des frites graisseuses et presque froides.

J'ai recommencé les cours à une heure dix mais sans beaucoup d'intérêt car j'ai commencé à me sentir malade. J'ai quitté l'école à quatre heures et, en route pour la maison, j'ai rencontré ma mère qui m'a donné un gros sac de provisions. J'ai porté le sac chez moi – non sans difficulté car j'avais aussi mon cartable plein de livres. De plus, il a commencé à pleuvoir à verse et j'ai regagné la maison trempée jusqu'aux os. Demain matin je vais rester au lit!

TON PROFIL

Qui a préparé le petit déjeuner chez toi hier?
Qu'est-ce que tu as mangé?
A quelle heure as-tu quitté la maison?
Tu as travaillé jusqu'à quelle heure le matin?
Où as-tu déjeuné?
L'après-midi, à quelle heure est-ce que les cours ont recommencé
Ils ont continué jusqu'à quand?
Tu as regagné la maison à quelle heure?
Comment as-tu passé le soir?

Task 19

Make sentences from the columns below. The past participles have been jumbled up.

	iivus	un T-shirt jaune, finalement.
	ssuiér	neuf heures cette nuit.
J'ai	iinf	un traitement pour mes migraines.
	romid	à trouver le vieux disque de Miles Davis.
	iihcso	mon apprentissage.

Task 20 A

Write out this passage putting the verbs in brackets into the perfect tense.

La soirée

Hier soir je (faire) mes devoirs dans ma chambre. Je (écrire) une rédaction comme devoir d'anglais et je (apprendre) du vocabulaire français. Pas beaucoup à faire alors et je (finir) à 6h 30. Je (prendre) un bain pour passer une demi-heure puis je (écrire) à ma tante pour la remercier de mon cadeau d'anniversaire. Sept heures et demie seulement. Alors je (décider) de sortir. Je (promettre) de revenir avant dix heures.

Je (mettre) mon anorak et je suis allé au foyer des jeunes où on (jouer) au ping-pong et on (écouter) des disques. Vraiment casse-pieds.

De retour chez moi je (prendre) une tasse de chocolat avant d'aller au lit. Je (dire) 'bonne nuit' à mes parents et je suis allée au lit. La fin d'une soirée vraiment passionnante.

TON PROFIL

Où as-tu fait tes devoirs hier soir?
Tu as mis combien de temps à les faire?
Quels devoirs as-tu fait?
A quelle heure as-tu fini?
Où as-tu mis tes livres après?
Tu as regardé la télé?

B Présentation: mes devoirs d'hier soir

Task 21 A L'accident

Write out this account, filling the gaps with the correct past participle from the list at the end.

Après avoir fini mes devoirs hier soir, j'ai ____ le journal pendant un quart d'heure et j'ai ____ deux tasses de café. Soudain j'ai ____ un grincement de freins, puis il y a ____ le bruit terrible d'une collision. J'ai ____ la porte at j'ai ____ une Renault 5 et une 2CV très abîmées. J'ai ____ vers la 2CV mais je n'ai pas ____ ouvrir les portières qui étaient toutes défoncées. Heureusement, le conducteur a ____ défaire le toit ouvrant. J'ai ____ pour m'assurer qu'il n' était pas blessé, puis j'ai ____ la portière de la Renault. Personne!

Plus tard j'ai ____ que c'était une voiture volée et on a supposé que le conducteur avait ____ se sauver tout de suite.

> appris, vu, entendu, pu (2), attendu, lu, dû, couru, eu, bu, ouvert (2).

B Au régime

J'ai grossi de deux kilos! C'est vrai! C'était mon anniversaire la semaine dernière et ça a été une véritable catastrophe pour la ligne car j'ai reçu beaucoup de sucreries comme cadeaux. Alors, ce matin j'ai pris la décision de me mettre au régime mais ça n'a pas été facile.

D'abord au petit déjeuner j'ai mis deux tranches de pain au grille-pain comme d'habitude et j'ai dû les donner à mon frère. Finalement j'ai bu une seule tasse de café sans lait ni sucre.

En route pour l'école j'ai acheté un paquet de chips et une canette de coca cola comme d'habitude. J'ai dû les donner à une copine!

A la pause Janet m'a offert un bonbon que j'ai failli manger!

A midi on a eu le choix entre du fromage râpé avec de la salade et un hot-dog avec des frites. J'ai choisi . . . la salade, à contre-cœur, mais j'ai eu faim tout l'après-midi.

Le soir, dans ma chambre, j'ai commencé à manger une pomme avec un tout petit bout de fromage mais soudain j'ai senti une odeur délicieuse de poulet et pommes de terre rôties. Vraiment je n'ai pas pu continuer mon régime et j'ai mangé avec la famille. Je vais recommencer demain!

Qu'est-ce que tu as reçu comme cadeaux d'anniversaire?
Qu'est-ce que tu as mangé et bu au petit déjeuner?
Tu as eu un choix au déjeuner hier? Entre quoi?
On t'a offert des bonbons aujourd'hui?

TON PROFIL

REVISION

How would you say that you . . .
1 . . . have been ill?
2 . . . have lost weight?
3 . . . blushed?
4 . . . bought a present?
5 . . . had a coke?
6 . . . had an accident?
7 . . . had to leave?
8 . . . couldn't pay?
9 . . . caught a cold? (**attraper un rhume**)
10 . . . caught the sun? (**prendre un coup de soleil**)

Task 22 A

Answer these questions truthfully.
(Girls: add an **e** to the past participle when writing about yourself.)
1 Tu es sorti hier soir? Où? Avec qui?
2 Tes parents sont sortis, ou est-ce qu'ils sont restés à la maison?
3 A quelle heure es-tu parti de la maison ce matin?
4 A quelle heure es-tu arrivé à l'école?
5 Tu es allé au cinéma récemment? Pour voir quel film?
6 Tu es monté à ta chambre à quelle heure hier soir?
7 A quelle heure es-tu descendu pour prendre le petit déjeuner ce matin?

TON PROFIL

B Présentations

1 Une sortie récente
2 Une visite à l'étranger

Task 23 A Présentations

1 **Hier soir**
2 **Ce matin**

Use the full range of the perfect tense and 'connect' your accounts with words and expressions like **d'abord, puis, ensuite, plus tard, finalement,** and clock times.

B Rewrite these jumbled sentences correctly.

1	Hélène s'est reposée	de moi.
2	Je me suis couché	les mains.
3	Nous nous sommes assis	de sortir.
4	Henri ne s'est pas lavé	devant l'eglise.
5	Je me suis dépêché	avant de faire ses devoirs.
6	L'autobus s'est arrêté	tard hier soir.
7	Ils se sont approchés	sur la terrasse.
8	Vous vous êtes levé	à courir.
9	Elle s'est mise	tous les jours en vacances.
10	Je me suis baigné	de bonne heure?

── REVISION ──

In this conversation put the verbs in brackets into the correct form of the present tense or the perfect tense.

Après l'école

– Maman, tu (aller) en ville maintenant? Tu (pouvoir) m'acheter du scotch?

– Non, Pierre, je ne (pouvoir) pas. Je (aller) en ville ce matin et je (acheter) tout ce que je veux. Et toi, tu (aller) en ville hier après l'école, non?

– Oui, mais je (décider) d'aller à la bibliothèque et je (oublier) le scotch.

– Bon, il y en a peut-être dans le tiroir. Qu'est-ce que tu (faire) à l'école aujourd'hui?

– Pas grand-chose. Nous (se reposer) un peu aujourd'hui. Le prof de maths (être) absent et on (avoir) une heure de perme, puis on (voir) un film en géographie. Je (s'endormir)!

– Pourquoi (vouloir)-tu le scotch?

– Je (faire) un projet en histoire et je (coller) des photos dans mon classeur.

– Bon, dépêche-toi alors. Tu (finir) tes devoirs?

– Je (faire) tout sauf l'histoire. J'en (avoir) pour vingt minutes. Pourquoi je (devoir) me dépêcher?

– On (aller) chez les Loret à Soissons. Ils (inviter) toute la famille à dîner.

Task 24

A Your house was struck by lightning during a thunderstorm. Look back to the drawing for Task 1B on page 72 and say what everyone in the house was doing when the lightning struck.

B Suggest reasons for the following statements, using the imperfect of the verbs given.

Example: Henri est allé se coucher à neuf heures.   (**être**)

Answer: Il **était** fatigué.

1   Les enfants ont mangé un dîner énorme. (see Topic 7) (avoir)
2   J'ai bu trois verres d'eau. (see Topic 7) (avoir)
3   Hélène a mis son manteau et ses gants. (Topic 7) (avoir)
4   J'ai ouvert la fenêtre et la porte aussi. (Topic 7) (avoir)
5   Didier n'est pas sorti hier soir. (travailler)
6   Alain a eu un accident dans sa voiture. (conduire)
7   J'ai sonné et frappé mais Hélène n'a pas répondu. (être – ne . . . pas)
8   Je n'ai pas pu payer. (avoir – ne . . . pas)
9   Anne a mis son imperméable avant de sortir. (pleuvoir)
10   Je suis resté chez moi samedi soir. (vouloir)

C Alain is shy and has never had much success with girls, but a month ago he went to ORDINAMOUR, a computer dating agency, and met Michèle. Here, he tells us how Michèle has changed him. Fill in the gaps with the imperfect or present tenses of the verbs given.

1   Avant de rencontrer Michèle, je ne _____ presque pas, mais, maintenant je ____ presque tous les soirs avec elle. (sortir)
2   Avant, je _____ toujours seul, mais maintenant je ____ toujours avec Michèle. (manger)
3   Il y a un mois il y ____ toujours une pagaille (*mess*) dans mon appartement, mais ces jours-ci il y ____ une ambiance agréable et c'est propre. (avoir)

4 Je n' _____ pas de confiance en moi-même avant, mais maintenant j'en _____ beaucoup – trop même! (avoir)

5 Je m'ennuyais, alors je __ _____ après les informations à la télé. Maintenant je __ _____ rarement avant minuit. (se coucher)

6 Avant, je _____ toute ma lessive moi-même, mais maintenant c'est Michèle qui la __. (faire)

7 Avant, j' _____ toujours déprimé (*depressed*) mais maintenant je _____ heureux et amoureux. (être)

8 Et pourtant, j' _____ libre et indépendant, et maintenant je _____ son esclave! (être)

Task 25

Finish off these sentences by finding the correct past participle from the list below.

1 Il ne pouvait pas conduire car il avait trop _____.

2 Les routes étaient glissantes – il avait _____ pendant la nuit.

3 J'avais trop _____ – je me sentais malade.

4 Je n'avais pas bien _____ et j'étais très fatigué.

5 Maman n'était pas là – elle était _____ aux magasins.

6 Horreur! La voiture avait _____.

7 Nous ne pouvions pas entrer. On avait _____ la porte à clef.

8 C'était trop tard – ils étaient _____.

9 Quand je me suis réveillé j'ai trouvé que tout le monde s'était déjà _____.

10 Mais où était mon argent? Je l'avais _____ dans mon portefeuille, j'en étais sûr.

neigé, dormi, mis, levé, partis, disparu, bu, mangé, fermé, allée.

Task 26 A

Answer these questions, using the future tense.

1 Tu iras en vacances cette année? Où? Avec qui?

2 Quel âge auras-tu en décembre?

3 Que feras-tu pendant le weekend?

4 Tu te marieras à quel âge?

5 Tu achèteras une maison ou tu loueras un appartement?

B Présentation: demain

Use either the future tense or *je vais* with infinitives. (Remember **Je vais me lever.**)

C Write these sentences out, choosing the correct tense from the alternatives.

1   Quand je quitte/je quitterai l'école j'irai en faculté.
2   Aussitôt que je finis/finirai mes devoirs je te rejoindrai.
3   S'il pleut/pleuvra demain je n'irai pas à Toulouse.
4   Je te vois/verrai plus tard.
5   Si nous allons/irons en Espagne nous rapporterons une guitare.
6   J'ai/aurai 17 ans en novembre.
7   S'il téléphone/téléphonera je lui dirai que vous êtes passé.
8   Il prendra contact avec vous quand il est/sera à Londres.
9   Normalement il y a/aura une boum tous les samedis.
10 Je me lève/lèverai de bonne heure demain.

Task 27

Example: Quand feras-tu ton lit? (laver/tasses *f*)
Answer: **Quand j'aurai lavé les tasses.**

1   Quand feras-tu tes devoirs? (lire/magazine *m*)
2   Quand sera-ti-il prêt? (écrire/lettre *f*)
3   Quand reviendront-ils? (acheter/vin *m*)
4   Quand mangera-t-elle? (faire/lessive *f*)
5   Quand iras-tu voir Alain? (se reposer)
6   Quand paierez-vous? (gagner/argent *m*)
7   Quand sortiras-tu? (finir/devoirs *m*)
8   Quand aura-t-il l'argent? (vendre/électrophone *m*)

Task 28
Complete this quiz.

1   Si je voyais un accident de voiture
   (a) j'attendrais l'arrivée des services-secours.
   (b) je téléphonerais aux services-secours.
   (c) je continuerais mon chemin.
   (d) j'irais voir si je pouvais aider.

2   Si quelqu'un laissait tomber des ordures
   (a) je ne dirais rien.
   (b) j'irais chercher un agent.
   (c) je lui dirais de les ramasser.

3   Si quelqu'un parlait à haute voix pendant un film
   (a) je ne dirais rien.
   (b) j'essaierais de regarder le film – après lui avoir jeté un coup d'œil menaçant.
   (c) je lui demanderais de se taire.

4   Si je trouvais de l'argent dans la rue
   (a) je le garderais.
   (b) je le laisserais là.
   (c) je le porterais au poste de police.

5   Si je trouvais un oiseau blessé
   (a) je le laisserais là.
   (b) je le tuerais.
   (c) je le porterais chez moi pour le soigner.

6   Si ma mère était malade
   (a) je serais triste mais je ne ferais rien.
   (b) je lui porterais des fleurs.
   (c) je ferais le ménage et les repas.

7   Si je gagnais une grosse somme d'argent
   (a) je la mettrais à la caisse d'épargne.
   (b) j'achèterais des cadeaux pour mes amis.
   (c) je le dépenserais tout.
   (d) j'achèterais des choses dont j'ai besoin et mettrais le reste à la caisse d'épargne.

8   Si je m'ennuyais à une réunion familiale
   (a) je ferais semblant de m'amuser.
   (b) je dirais que j'étais fatigué et que j'allais me coucher.
   (c) je ne dirais rien.

9   Si j'avais un jour de congé
   (a) je m'amuserais.
   (b) je travaillerais.
   (c) je resterais au lit.

10 Si je cassais un disque prêté par un(e) ami(e)
   (a) je lui dirais tout de suite.
   (b) je ne dirais rien.
   (c) je lui achèterais un autre sans rien dire.

Now check your score.

1		2		3		4		5		6	
(a) 1 point		(a) 0 points		(a) 0 points		(a) 1 point		(a) 0 points		(a) 0 points	
(b) 2 points		(b) 1 point		(b) 1 point		(b) 0 points		(b) 1 point		(b) 1 point	
(c) 0 points		(c) 2 points		(c) 2 points		(c) 2 points		(c) 2 points		(c) 2 points	
(d) 3 points											

7		8		9		10	
(a) 0 points		(a) 2 points		(a) 1 point		(a) 2 points	
(b) 1 point		(b) 1 point		(b) 2 points		(b) 0 points	
(c) 0 points		(c) 0 points		(c) 0 points		(c) 1 point	
(d) 2 points							

16–20 points: Tu es honnête et sérieux – trop sérieux peut-être.

10–15 points: Tu es normal – assez honnête, assez sérieux mais tu aimes la vie.

0–9 points: Hmm . . . tu as des problèmes, toi.

Task 29 A

I would have . . .

Example: Henri avait mis les provisions au garage.

Answer: **Moi, j'aurais mis les provisions à la cuisine.**

1. Hélène avait pris le bus.
2. Philippe était resté à la maison.
3. Jules avait commencé sa révision en mai.
4. Françoise et Robert étaient rentrés à minuit.
5. Roger s'était lavé dans la cuisine.
6. Mireille s'était couchée à une heure du matin.
7. Alain avait bu beaucoup de vin rouge.
8. Françoise était arrivée pendant le concert.
9. Jean-Luc était allé en France en avion.
10. Maman avait préparé des sandwichs au fromage.

B

Say what the people in the sentences above *should have* done.

Example: Henri avait mis les provisions au garage.

Answer: **Il aurait dû mettre les provisions à la cuisine.**

C

Make sentences from the columns below to say what you *should have* done.

1 Je suis arrivé trop tard	– j'aurais dû	le mettre dans mon cartable.
2 J'ai manqué mon train		regarder l'horaire.
3 Le prof n'est pas content		finir mes devoirs.
4 J'ai perdu mon cahier		partir plus tôt.
5 Je ne me suis pas amusé		rester chez moi.

--- REVISION ---

Future or conditional

Choose the correct alternative.

1. Demain j'irai/irais à la pêche.
2. La semaine prochaine nous serons/serions en France.
3. Si j'étais riche j'achèterai/achetèrais une Jaguar.
4. Jean a dit qu'il viendra/viendrait demain.
5. Mes parents sortiront/sortiraient ce soir.
6. Je ferai/ferais mes devoirs plus tard.
7. Si je gagnais beaucoup d'argent je le mettrai/mettrais à la caisse d'épargne.
8. Nous regarderons/regarderions la télé ce soir.
9. Quel âge aurez/auriez-vous en septembre?
10. Tu as dit que tu m'aideras/aiderais à faire mes devoirs.

Task 30 A

This is the kind of writing you might find in a novel. First read the passage through, then translate it into English.

Il pleuvait à verse. Alain partit seul dans la voiture pour chercher Madeleine. Elle n'était pas encore arrivée à l'appartement – elle revenait sans doute du bureau. Il prit la rue de la Gare et ralentit pour essayer de la voir. Il regarda les visages des passants. C'était inutile. Tout le monde avait la tête baissée contre le vent et la pluie.

Soudain, il aperçut parmi les gris et les noirs un imperméable rouge et un parapluie bleu. C'était elle! Il s'arrêta près du trottoir, descendit et cria après elle: «Madeleine! Viens! Monte!»

Elle se retourna, ouvrit de grands yeux et revint vers lui, le sourire aux lèvres. Elle l'embrassa longuement sans rien dire et ils montèrent ensemble dans la voiture, la pluie ruisselant de leurs cheveux. Ils se mirent en route. Pendant quelques minutes ni l'un ni l'autre ne parla. Finalement c'était Madeleine qui rompit le silence.
   – Tu ne partiras plus? Tu resteras cette fois?
   – Je le jure, répondit Alain.
Ils se regardèrent un instant et se sourirent, heureux enfin.

B   Now imagine that you are Alain writing about it in your diary. You would not use the past historic.

Task 31

Spot the passives

In the extracts from a French magazine, below, there are six examples of the passive. Find them and say what they mean, then try to understand the whole of each extract.

17 août 1847

La duchesse de Praslin a été assassinée, cette nuit, dans son hôtel. Elle a été frappée de trente coups de couteau. Son époux sera arrêté et se suicidera en prison. Le duc de Choiseul-Praslin avait épousé la fille du maréchal Sébastiani en 1824. Elle avait exigé le renvoi d'une gouvernante devenue la maîtresse de son mari.

KIDNAPPÉ le 11 juillet, retrouvé le 26, Munna, l'ours qui avait été amené en France à l'occasion des festivités organisées pour la venue du Premier ministre de l'Inde, a été hâtivement réexpédié vers son pays natal.

21 août 1940

En exil à Mexico depuis quatre ans, Trotsky avait été, le 25 mai, l'objet d'une première tentative d'assassinat. Aujourd'hui, Trotsky a reçu la visite d'un soi-disant fiancé d'une militante. Alors qu'ils sont dans le bureau, la femme de Trotsky entend un long cri d'agonie...

Task 32

Jacques, Susan's exchange partner, and Françoise, Janet's exchange partner, have a love-hate relationship. At the disco, they find time for a talk. In the dialogue below, unfortunately **me**, **m'**, **te** and **t'** have been missed out each time they occur. Rewrite it with them in. Jacques speaks first.

– Je ai dit mille fois. Je trouve jolie et intéressante.
– Intéressante! Je suppose que tu ne trouves pas intelligente!
– Mais si, je trouve jolie, intéressante et intelligente. Vraiment je aime bien tu sais. Tu veux sortir avec moi?
– Pas vraiment. Je trouve un peu ennuyeux.
– Ennuyeux! Comment ça? Je parle chaque fois que je vois et, la semaine dernière, quand je ai emmenée au cinéma . . .
– Oui! Tu as emmenée voir un film de guerre!
– Mais après au café tu es amusée, non?
– Je suis amusée parce que tes copains étaient rigolos.
– Tu ne aimes pas du tout alors?
– Je n'ai pas dit ça. Tu veux téléphoner demain? Dansons un peu et je dirai demain si je peux sortir samedi.
– Ça fait plaisir de entendre le dire. OK. Dansons.

Task 33 A

Example: le couteau
Answer: **Je l'ai mis dans le tiroir.**

le taille-crayon	mon pupitre
les chemises (f)	ma trousse
le lait	le tiroir
la monnaie	ma poche
le couteau	la serviette
les cahiers	le frigo
la calculatrice	mon porte-monnaie
l'ouvre-boîte	l'armoire

B

Your friend just can't make up her mind. First she agrees with what you suggest, then she disagrees.
Example: Je prends ces livres?
Answer: **Oui, prends-les. Ah non! Ne les prends pas.**

1 Je finis le gâteau?
2 Je cherche tes chaussures?
3 Je mets mes gants?
4 Je lis cet article?
5 J'attends Madeleine?

6 Je bois ce vin?
7 J'apporte ma guitare?
8 J'écris mon nom là?
9 J'achète le pain?
10 J'attends tes parents?

Task 34

Jacques has decided to try harder with Françoise. Below is a list of ideas, ticked or crossed to show whether he thinks they are good ones or not. What does he say to himself as he checks them over?
Use the future tense and *lui*, like this:
Oui, je lui téléphonerai tous les soirs.
Non, je ne lui écrirai pas.

téléphoner tous les soirs √
écrire ×
donner des petits cadeaux √
envoyer des fleurs ×
envoyer des cartes marrantes √
prêter des cassettes ×
emprunter des cassettes √
parler de mes idées √
dire que je l'aime ×
proposer des sorties √

Task 35 A

Answer these questions, using **y** in your answers.
Example: Tu vas souvent au cinéma?
Answer: **Oui, j'y vais souvent.**
    Or: **Non, je n'y vais pas souvent.**
1   Tu vas souvent à des discothèques?
2   Tu es déjà allé(e) en France?
3   Ton père va souvent au pub?
4   Ta mère va souvent au pub?
5   Tu seras à l'école demain?

B

This time use **en** in your answers.
Example: Tu as de l'argent?
Answer: **Oui, j'en ai.**
    Or: **Non, je n'en ai pas.**
1   Tu as beaucoup de cassettes? Combien à peu près?
2   Combien de frères as-tu? Et combien de sœurs?
3   Tu as beaucoup de vêtements?
4   Il y a combien de cours par jour à ton école?
5   Ton père parle beaucoup de son travail?

C Use **il y en a** or **il n'y en a pas** to answer these questions.
Example: Il y a combien de jours en février?
Answer: **Il y en a vingt-huit (ou vingt-neuf).**
1 Il y a combien d'élèves dans ta classe de français?
2 Il y a des Français dans ton école?
3 Combien de jours y a-t-il en octobre?
4 Il y a combien de semaines de vacances cette année?
5 Il y a combien de professeurs dans ton école?

Task 36 A

me	le	l'
te	la	
	les	

1 Didier t'a donné mon disque?
[*Say: Yes, he gave it to me this morning.*]
2 C'est toi qui as mon taille-crayon?
[*No, I gave it back* (rendu) *to you yesterday.*]
3 Sophie t'a donné ces chaussures?
[*No, but she lent them to me for the disco.*]

B The answers to these questions have been jumbled up. Put them right.

le	lui
la	leur
les	

1 Tu as donné ton adresse à Manfred?
donnée la je ai lui oui

2 Vous montrerez ces photos aux autres?
ne pas montrerai les je non leur

3 Tu prêtes tes vêtements à ta sœur cadette?
prête les je lui oui souvent

C **M'en** and **t'en** have been missed from these sentences. Put them in where they belong and make sure you know what the sentences mean.
1 −Tu veux essayer mon vin de rhubarbe?
−Non merci, tu as déja donné!
2 Laisse-moi tranquille, je prie!
3 Le prof d'anglais veut − je ne sais pas pourquoi.
(**en vouloir à**   *to bear a grudge*)
4 Tu aimes mon T-shirt? Je fais cadeau.

Task 37 A

Imagine that you are Françoise. Jacques has just phoned (again!) to ask you out. Using **il faut que je** and the subjunctive, give excuses, saying what you have to do.

Jacques	Bonsoir, Françoise. Tu veux venir au ciné ce soir?
You	[*You can't. You have to wash your hair.*]
Jacques	C'est vite fait ça. Vingt minutes?
You	[*But afterwards you have to finish your homework.*]
Jacques	Mais il n'y a rien pour demain.
You	[*And then you have to do your washing.*]
Jacques	Mais laisse-la!
You	[*Impossible. Also you have to write to your grandparents.*]
Jacques	OK. Je te laisse. Il faut que je m'en aille – j'ai plein de choses à faire. A demain.

B Jacques is telling his tale of woe to his friend, Yves. Fill the gaps with the correct form of the verb given.

Jacques	Je ne crois pas qu'elle m'___ beaucoup. (aimer)
Yves	Tu as peut-être raison.
Jacques	Je ne pense pas qu'elle ___ honnête, que ses prétextes ___ vrais. (être)
Yves	Je ne crois pas qu'on ___ dire cela. (pouvoir)
Jacques	Je ne veux pas qu'elle ___ avec moi tous les jours – de temps en temps c'est tout. (sortir)
Yves	Bien qu'elle ne te ___ pas au sérieux? (prendre)
Jacques	C'est vrai. Et pourtant c'est la fille la plus séduisante que j'___ jamais rencontrée. (avoir)
Yves	A mon avis, tout va de travers à cause de ton attitude.
Jacques	Comment? Que veux-tu que je ___? (faire)
Yves	D'abord, tu insistes trop. Attends qu'elle te ___. Laisse-la tranquille un peu. (parler)
Jacques	Tu crois? J'essaierai peut-être – à moins que ce ne ___ une ruse pour que tu ___ sortir avec elle, toi-même! (être, pouvoir)
Yves	Mais non. Je ne veux pas que tu ___ par te déprimer à cause d'elle. Je te jure. (finir)
Jacques	Hmmm. . . .

Task 38 A

Example: Qu'est-ce que vous cherchez?
Answer: **Je cherche ma clef.**

1 Qu'est-ce que vous écoutez?
2 Qu'est-ce que vous regardez?
3 Qu'est-ce qu'ils attendent?
4 Que cherche votre père?
5 Qui attendez-vous?

B Make eight sentences from the columns.

1	J'ai porté	beaucoup de monde	à huit heures dix.
2	Elle a acheté	la maison	aux magasins.
3	J'ai emmené	le portefeuille	hier soir.
4	Il faisait	l'argent	dans ma poche.
5	J'ai pris	ma mère	dans le bus.
6	Il a laissé	très froid	à Henri.
7	Ils quittent	son anorak	au café.
8	Il y avait	le vélo	au commissariat.

Task 39 A How would you say that you . . .?

1 . . . want to go home?
2 . . . are going to arrive on Thursday?
3 . . . hope to go to university?
4 . . . like dancing?
5 . . . can't swim?
6 . . . prefer to watch TV?
7 . . . are learning to water-ski (**faire du ski nautique**)?
8 . . . have started to work?
9 . . . can't pay?
10 . . . have decided to stay?

B Présentation: mes projets d'avenir

Use the following expressions to say what you intend to do.

J'ai l'intention de	continuer mes études.
Je voudrais	quitter l'école.
J'espère	me reposer.
Je préfère	chercher un emploi.
Je pense	voyager en Europe.
Je vais	voir le monde un peu.
	etc.

Other useful expressions:

**peut-être   plus tard   l'année prochaine
dans deux ans   quand j'aurai 25 ans   en 2000**

Task 40 A

Here are some instructions for looking after your teeth. Read them carefully, then, from memory, say how you can keep your teeth in good condition. Use **en** + present participle.

Example: Vous garderez toutes vos dents en vous les brossant . . .

- Brossez-vous les dents après chaque repas – pendant 2 ou 3 minutes.
- Brossez-vous les gencives (*gums*) de haut en bas en direction des dents – pas latéralement.
- Achetez une nouvelle brosse à dents trois fois par an.
- Combattez la plaque avec des cure-dents (*toothpicks*) et du fil de soie (*floss*).
- Evitez les sucreries.
- Mangez beaucoup de fruits et de légumes.
- Consultez régulièrement votre dentiste – n'attendez pas que vous ayez mal aux dents.
- Demandez un détartrage (*scale and polish*) deux ou trois fois par an.
- Utilisez un dentifrice au fluor.

B Choose the correct alternative.

1   Sylvie est au jardin amusant/amusante les petits.
2   Mireille est vraiment amusant/amusante.
3   Maman était dans la cuisine pliant/pliante les serviettes en papier.
4   Papa était assis au jardin sur sa chaise pliant/pliante.
5   C'est très primitif – il n'y a même pas d'eau courant/courante.
6   Elle est sortie de la maison en courant/courante.
7   Elle était derrière le mur tremblant/tremblante de peur.
8   Elle avait les mains tremblant/tremblantes.

Task 41 A

How would you say that you . . .

1   . . . don't understand?
2   . . . have nothing to declare?
3   . . . haven't reserved?
4   . . . don't like garlic (**l'ail**)?
5   . . . don't have insurance (**assurance**)?
6   . . . can't afford it (**avoir les moyens**)?

and that . . .

7   . . . it's not your fault?
8   . . . it's not your case?
9   . . . there isn't a towel (**pas de**)?
10   . . . there's no soap?

B Be negative!

You have a lively, positive, outgoing exchange partner with a wide range of interests. You, on the other hand, are dull, negative, inward-looking with no real interests at all – just for this task of course! Answer Mireille's questions.

Mireille   Moi, j'aime aller au théâtre – et toi?
You   [*Say that you never go to the theatre.*]
Mireille   Et la musique classique? Tu aimes ça?
You   [*You don't like classical music but you like pop.*]
Mireille   Moi, j'adore les discos. Il y en a ici?
You   [*There are no more discos here. There are always problems.*]
Mireille   Le sport donc – le tennis? la natation?
You   [*You play tennis a little but you can't swim.*]
Mireille   Jouons au tennis donc.
You   [*You can't play today – you have a sore leg.*]
Mireille   On se promène un peu, donc? On fait un tour en ville.
You   [*There's nothing to see.*]
Mireille   Alors, si on allait voir tes copains.
You   [*There's nobody here. They've gone on holiday.*]
Mireille   Au ciné donc?
You   [*You only have 50p.*]
Mireille   N'importe. Je t'invite. Qu'est-ce qu' on passe?
You   [*You don't know. You haven't looked in the newspaper.*]
Mireille   Vraiment, tu es marrant tu sais. Tous les Anglais sont comme toi?
You   [*No, they aren't good-looking, intelligent and interesting like you.*]

C What do you think these sentences mean? Be flexible with your English – don't translate literally.

1   Je n'aime point vos idées.
2   Il n'y a plus personne ici.
3   Je ne vais plus jamais au club.
4   Je n'ai vu ni la moto ni le vélo.
5   J'ai invité une douzaine de copains mais personne n'est venu.
6   Il n'y a aucune raison pour refuser.
7   Il ne me reste plus rien.
8   Je n'ai rien que deux tomates et un bout de fromage.
9   Il ne parle jamais à personne.
10   J'ai décidé de ne rien dire.
11   J'ai promis de ne jamais revenir.
12   Je lui ai dit de ne pas venir me chercher.

Verb Tables

INFINITIVE	PRESENT		PRESENT PARTICIPLE	PERFECT	IMPERFECT	PLUPERFECT
			-ant		-ais -ions -ais -iez -ait -aient	
	For saying what you do or are doing . . .		*-ing*	*did or have done . . .*	*were doing or used to do . . .*	*had done . . .*
trouver *to find* (regular)	trouve trouves trouve	trouvons trouvez trouvent	trouvant	j'ai trouvé	je trouvais	j'avais trouvé
finir *to finish* (regular)	finis finis finit	finissons finissez finissent	finissant	j'ai fini	je finissais	j'avais fini
vendre *to sell* (regular)	vends vends vend	vendons vendez vendent	vendant	j'ai vendu	je vendais	j'avais vendu

IRREGULAR VERBS

INFINITIVE	PRESENT		PRESENT PARTICIPLE	PERFECT	IMPERFECT	PLUPERFECT
aller *to go*	vais vas va	allons allez vont	allant	je suis allé(e)	j'allais	j'étais allé(e)
s'asseoir *to sit down*	m'assieds t'assieds s'assied	ns asseyons vs asseyez s'asseyent	m'asseyant	je me suis assis(e)	je m'asseyais	je m'étais assis(e)
avoir *to have*	ai as a	avons avez ont	ayant	j'ai eu	j'avais	j'avais eu
battre *to beat*	bats bats bat	battons battez battent	battant	j'ai battu	je battais	j'avais battu
boire *to drink*	bois bois boit	buvons buvez boivent	buvant	j'ai bu	je buvais	j'avais bu
conduire *to drive*	conduis conduis conduit	conduisons conduisez conduisent	conduisant	j'ai conduit	je conduisais	j'avais conduit
connaître *to know*	connais connais connaît	connaissons connaissez connaissent	connaissant	j'ai connu	je connaissais	j'avais connu
courir *to run*	cours cours court	courons courez courent	courant	j'ai couru	je courais	j'avais couru

FUTURE	CONDITIONAL	PAST HISTORIC	IMPERATIVE	PRESENT SUBJUNCTIVE	
-ai -ons -as -ez -a -ont	-ais -ions -ais -iez -ait -aient				
will do . . .	*would do . . .*	*did . . .* (*written only*)			
je trouverai	je trouverais	il trouva ils trouvèrent	trouve! trouvez!	trouve trouves trouve	trouvions trouviez trouvent
je finirai	je finirais	il finit ils finirent	finis! finissez!	finisse finisses finisse	finissions finissiez finissent
je vendrai	je vendrais	il vendit ils vendirent	vends! vendez!	vende vendes vende	vendions vendiez vendent
j'irai	j'irais	il alla ils allèrent	va! allez!	aille ailles aille	allions alliez aillent
je m'assiérai	je m'assiérais	il s'assit ils s'assirent	assieds-toi! asseyez-vous!	m'asseye t'asseyes s'asseye	asseyions asseyiez s'asseyent
j'aurai	j'aurais	il eut ils eurent	aie! ayez!	aie aies ait	ayons ayez aient
je battrai	je battrais	il battit ils battirent	bats! battez!	batte battes batte	battions battiez battent
je boirai	je boirais	il but ils burent	bois! buvez!	boive boives boive	buvions buviez boivent
je conduirai	je conduirais	il conduisit ils conduisirent	conduis! conduisez!	conduise conduises conduise	conduisions conduisiez conduisent
je connaîtrai	je connaîtrais	il connut ils connurent	connais! connaissez!	connaisse connaisses connaisse	connaissions connaissiez connaissent
je courrai	je courrais	il courut ils coururent	cours! courez!	coure coures coure	courions couriez courent

INFINITIVE	PRESENT		PRESENT PARTICIPLE	PERFECT	IMPERFECT	PLUPERFECT
croire *to believe*	crois crois croit	croyons croyez croient	croyant	j'ai cru	je croyais	j'avais cru
devoir *to have to* *(I must)*	dois dois doit	devons devez doivent	devant	j'ai dû	je devais	j'avais dû
dire *to say*	dis dis dit	disons dites disent	disant	j'ai dit	je disais	j'avais dit
dormir *to sleep*	dors dors dort	dormons dormez dorment	dormant	j'ai dormi	je dormais	j'avais dormi
écrire *to write*	écris écris écrit	écrivons écrivez écrivent	écrivant	j'ai écrit	j'écrivais	j' avais écrit
envoyer *to send*	envoie envoies envoie	envoyons envoyez envoient	envoyant	j'ai envoyé	j'envoyais	j'avais envoyé
être *to be*	suis es est	sommes êtes sont	étant	j'ai été	j'étais	j'avais été
faire *to make,* to do	fais fais fait	faisons faites font	faisant	j'ai fait	je faisais	j'avais fait
falloir *to make,* to do	il faut			il a fallu	il fallait	il avait fallu
lire *to read*	lis lis lit	lisons lisez lisent	lisant	j'ai lu	je lisais	j'avais lu
mettre *to put*	mets mets met	mettons mettez mettent	mettant	j'ai mis	je mettais	j'avais mis
mourir *to die*	meurs meurs meurt	mourons mourez meurent	mourant	il/elle est mort(e)	il/elle mourait	il/elle était mort(e)
ouvrir *to open*	ouvre ouvres ouvre	ouvrons ouvrez ouvrent	ouvrant	j'ai ouvert	j'ouvrais	j'avais ouvert

FUTURE	CONDITIONAL	PAST HISTORIC	IMPERATIVE	PRESENT SUBJUNCTIVE	
je croirai	je croirais	il crut ils crurent	crois! croyez!	croie croies croie	croyions croyiez croient
je devrai	je devrais	il dut ils durent		doive doives doive	devions deviez doivent
je dirai	je dirais	il dit ils dirent	dis! dites!	dise dises dise	disions disiez disent
je dormirai	je dormirais	il dormit ils dormirent	dors! dormez!	dorme dormes dorme	dormions dormiez dorment
j'écrirai	j'écrirais	il écrivit ils écrivirent	écris! écrivez!	écrive écrives écrive	écrivions écriviez écrivent
j'enverrai	j'enverrais	il envoya ils envoyèrent	envoie! envoyez!	envoie envoies envoie	envoyions envoyiez envoient
je serai	je serais	il fut ils furent	sois! soyez!	sois sois soit	soyons soyez soient
je ferai	je ferais	il fit ils firent	fais! faites!	fasse fasses fasse	fassions fassiez fassent
il faudra	il faudrait	il fallut		il faille	
je lirai	je lirais	il lut ils lurent	lis! lisez!	lise lises lise	lisions lisiez lisent
je mettrai	je mettrais	il mit ils mirent	mets! mettez!	mette mettes mette	mettions mettiez mettent
je mourrai	je mourrais	il mourut ils moururent	meurs! mourez!	meure meures meure	mourions mouriez meurent
j'ouvrirai	j'ouvrirais	il ouvrit ils ouvrirent	ouvre! ouvrez!	ouvre ouvres ouvre	ouvrions ouvriez ouvrent

INFINITIVE	PRESENT		PRESENT PARTICIPLE	PERFECT	IMPERFECT	PLUPERFECT
partir *to leave*	pars pars part	partons partez partent	partant	je suis parti(e)	je partais	j'étais parti(e)
pleuvoir *to rain*	il pleut		pleuvant	il a plu	il pleuvait	il avait plu
pouvoir *to be* *able to*	peux peux peut	pouvons pouvez peuvent	pouvant	j'ai pu	je pouvais	j'avais pu
prendre *to take*	prends prends prend	prenons prenez prennent	prenant	j'ai pris	je prenais	j'avais pris
recevoir *to receive*	reçois reçois reçoit	recevons recevez reçoivent	recevant	j'ai reçu	je recevais	j'avais reçu
rire *to laugh*	ris ris rit	rions riez rient	riant	j'ai ri	je riais	j'avais ri
savoir *to know*	sais sais sait	savons savez savent	sachant	j'ai su	je savais	j'avais su
sortir *to go out*	sors sors sort	sortons sortez sortent	sortant	je suis sorti(e)	je sortais	j'étais sorti(e)
suivre *to follow*	suis suis suit	suivons suivez suivent	suivant	j'ai suivi	je suivais	j'avais suivi
venir *to come*	viens viens vient	venons venez viennent	venant	je suis venu(e)	je venais	j'étais venu(e)
vivre *to live*	vis vis vit	vivons vivez vivent	vivant	j'ai vécu	je vivais	j'avais vécu
voir *to see*	vois vois voit	voyons voyez voient	voyant	j'ai vu	je voyais	j'avais vu
vouloir *to want*	veux veux veut	voulons voulez veulent	voulant	j'ai voulu	je voulais	j'avais voulu

FUTURE	CONDITIONAL	PAST HISTORIC	IMPERATIVE	PRESENT SUBJUNCTIVE	
je partirai	je partirais	il partit ils partirent	pars! partez!	parte partes parte	partions partiez partent
il pleuvra	il pleuvrait	il plut		il pleuve	
je pourrai	je pourrais	il put ils purent		puisse puisses puisse	puissions puissiez puissent
je prendrai	je prendrais	il prit ils prirent	prends! prenez!	prenne prennes prenne	prenions preniez prennent
je recevrai	je recevrais	il reçut ils reçurent	reçois! recevez!	reçoive reçoives reçoive	recevions receviez reçoivent
je rirai	je rirais	il rit ils rirent	ris! riez!	rie ries rie	riions riiez rient
je saurai	je saurais	il sut ils surent	sache! sachez!	sache saches sache	sachions sachiez sachent
je sortirai	je sortirais	il sortit ils sortirent	sors! sortez!	sorte sortes sorte	sortions sortiez sortent
je suivrai	je suivrais	il suivit ils suivirent	suis! suivez!	suive suives suive	suivions suiviez suivent
je viendrai	je viendrais	il vint il vinrent	viens! venez!	vienne viennes vienne	venions veniez viennent
je vivrai	je vivrais	il vécut ils vécurent	vis! vivez!	vive vives vive	vivions viviez vivent
je verrai	je verrais	il vit ils virent	vois! voyez!	voie voies voie	voyions voyiez voient
je voudrai	je voudrais	il voulut ils voulurent	veuillez!	veuille veuilles veuille	voulions vouliez veuillent